城镇化

城市迈向更新时代

联合主编单位 江苏省住房和城乡建设厅
江苏省推进城镇化工作联席会议办公室
江苏省城市科学研究会
江苏省城镇化和城乡规划研究中心

Dec 2018 第005辑

中国建筑工业出版社

城镇化

城市迈向更新时代 Urbanisation |城镇化思考者|

与我们互动

投稿邮箱 Urbanisation@uupc.org.cn

电话 / 传真 025-8679 0800

地址 南京市草场门大街 88 号 11 层江苏省城镇化和城乡规划研究中心

邮编 210036

官方网站 www.uupc.org.cn

微信搜索 江苏省城镇化和城乡规划研究中心

图书在版编目（CIP）数据

城镇化——城市迈向更新时代 / 江苏省住房和城乡建设厅等主编 . 北京 : 中国建筑工业出版社 , 2018.12

ISBN 978-7-112-23057-0

Ⅰ . ①城… Ⅱ . ①江… Ⅲ . ①城市化 - 研究 - 中国 Ⅳ . ① F299.21

中国版本图书馆 CIP 数据核字 (2018) 第 281126 号

城镇化 —— 城市迈向更新时代

《城镇化》编委会

中国建筑工业出版社 出版、发行（北京海淀三里河路 9 号）

各地新华书店、建筑书店经销

江苏大晋文化传播有限公司设计排版

南京互腾纸制品印刷有限公司印刷

开本：880 X 1230 毫米 1/16 印张：$7\frac{1}{4}$ 字数：234 千字

2018 年 12 月第一版 2018 年 12 月第一次印刷

定价：48.00 元

ISBN 978-7-112-23057-0

（33137）

合作伙伴

清华大学建筑与城市研究所
INSTITUTE OF ARCHITECTURAL AND URBAN STUDIES

南京大学
NANJING UNIVERSITY

高密度区域智能城镇化协同创新中心
CHINA INTELLIGENT URBANIZATION CO-CREATION CENTER FOR HIGH DENSITY REGION

东南大学
SOUTHEAST UNIVERSITY

能源基金会中国
ENERGY FOUNDATION

城市中国计划
URBAN CHINA INITIATIVE

微信二维码

城镇化思考者

声明

1.《城镇化》所发文章仅代表作者观点，不代表编委会或编辑部立场。

2. 在征得《城镇化》和作者许可后，欢迎转载《城镇化》文章。

3. 凡作者向《城镇化》投稿，一经采用，均视为作者已经许可《城镇化》使用该投稿作品的信息网络传播权，《城镇化》所支付稿酬中已包括许可使用该项权利的报酬。

4.《城镇化》转载作品，稿酬将寄付给作品所属编辑部或作者，若未收到，请及时联系我们。

编者语

城市的发展是一个不断经历更新、改造的新陈代谢过程。正如刘易斯·芒福德（Lewis Mumford）指出的：城市如一个有机体，就像有生命一样，因此也会面临疾病和衰落，甚至死亡。因此，城市更新就成为城市生长过程中自我调节的重要环节。

西方的城市更新伴随着城镇化发展而出现，第二次世界大战以后城市更新议题从1950年的“城市重建”（Reconstruction），到1960—1970年代的“城市更新”（Renewal），到1980年代的“城市再发展”（Redevelopment），再到1990年代以后的“城市再生”（Regeneration），更新的目标、重点随着城市不同、发展阶段不同而产生相应的变化。当前，西方经济和物质层面的更新成为基础性内容，社会融合和可持续发展逐渐成为焦点，涉及抑制城市衰落、活化消极环境、创造发展机会、邻里社会结构保护和社区自我更新能力培育等多方面。同时，受后工业化消费城市空间转型的影响，小规模、渐进式的更新方式更加有助于特色空间的塑造。

我国的城市更新历程有其复杂性、特殊性。改革开放40年来，伴随着城镇化、工业化的快速发展，城市由住房、设施等供给不充分到新区扩张大建造，如今进入了城市设施供给均衡、空间品质提升的系统更新年代。党的十九大报告指出，我国经济已由高速增长阶段转向高质量发展阶段，正处在转变发展方式、优化经济结构、转换增长动力的攻关期。中央城市工作会议提出完善城市治理体系，提高城市治理能力，《关于进一步加强城市规划建设管理工作的若干意见》从强化城市规划工作、塑造城市特色风貌、完善城市公共服务、营造城市宜居环境等方面对城市更新工作提出具体要求。同时，处于转型期的众多城市先行先试，积极探索、不断创新，尝试建立适合自身发展需求的城市更新路径。城市工业空间的再生产、居住环境的改善、历史空间的复兴，以及消极空间的积极改造等众多更新议题的交织体现着城市更新的多元化发展趋势。可以说，我国的城市已迈入更新时代。因此，有必要以“城市更新”这一时代性要求作为命题，抛砖引玉，一同推动城市向更美好的方向发展。

本辑封面故事的研究团队从2015年起致力于城市更新研究，先后完成了住建部、美国能源基金会和江苏省多项科研课题与项目，支持了江苏宜居住区提升行动的前期研究。本辑内容基于长期的跟踪研究成果，对更加广域的更新议题进行了深入思考，同时结合地方更新实践，推荐了相关城市的创新做法，希望能启发大家的共同思考。在此特别感谢在本辑成稿过程中给予帮助的相关单位及个人。

执行主编　陈小卉

2018年9月

Urbanisation |城镇化思考者|

目录
Contents

Cover Story 封面故事

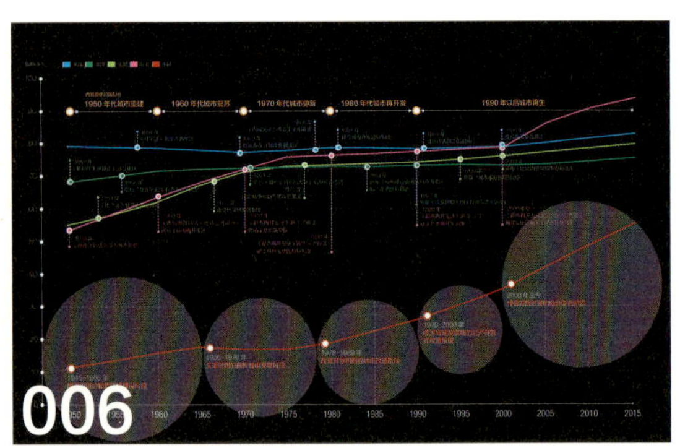
城市迈向更新时代

（本栏目由“江苏省城镇化和城乡规划研究中心”统一整理、撰稿）

Practice Overview 纵览更新实践

消极空间的积极改造

厦门旧城更新中的场所营造

目录
Contents

儿童期 Childhood
少年期 Teenager
青年期 Youth
中年期 Middle-aged
老年期 Elderly

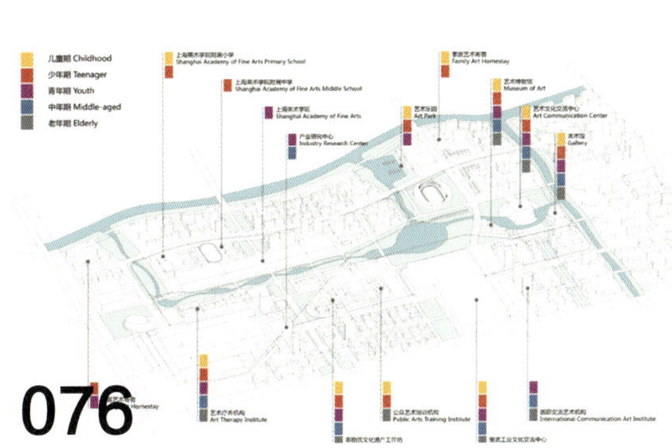

城市迈向更新时代

城镇化率 %
英国
德国
法国
日本
中国
100
90
80
70
60
50
40
30
20
10
0
西欧整体阶段划分
1950 年代城市重建
1960 年代城市复苏
1970 年代城市更新
1957 年
《住宅法》制定改善地区
1969 年
社区发展计划改善衰败区
1978 年
《内城区法》改造工业和商业
1950 年
《联邦住宅建设法》进行重建
1956 年
提出"整修历史性市镇中心"设想
1971 年
1953 年
《地产法》推动老城区建设
1967 年
建立协议开发区制度
1977 年
设立城市规划专项改造基金
1960 年
《市街地改造法》改造公共设施，
颁布《都市再开发法》
1970 年
《都市再开发法》第 1 次修正，
明确土地权属交换
1950 年
《都市计划法》引入城市更新
1980 年
《都市再开发法》第 2~4 次修正，
建立再开发地区规划制度
1949—1965 年
中华人民共和国成立初期的物质环境建设阶段
1966—1976 年
"文革"时期的曲折城市发展阶段
1978—1989 年
1950
1955
1960
1965
1970
1975
1980

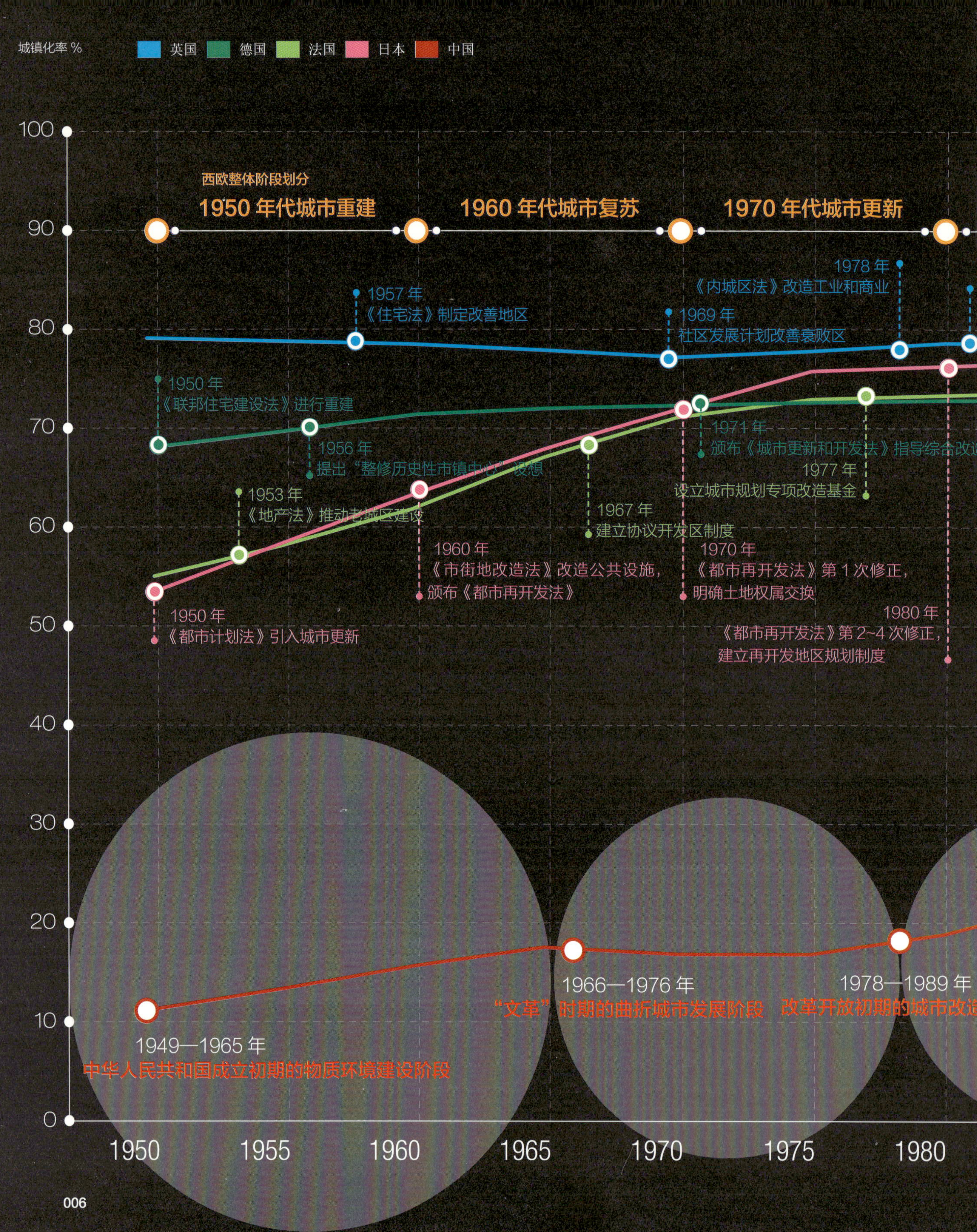

国际城市更新的启示

城市更新起源于西方第二次世界大战后大规模城市推倒重建式的更新活动（Urban Renewal），随后，为了应对物质环境更新对城市原有社会肌理和内部空间完整性的破坏问题，西方，尤其是英国在经历了全球产业链转移后采取了城市再生活动（Urban Regeneration），通过改善内城及人口衰落地区的城市环境，刺激经济增长，增强城市活力，改善社区环境。随着"全球化"的不断深化，与城市更新相关的各类再城市化运动引起了世界更广泛国家和地区的关注。当下，我国进入新型城镇化时期，空间拓展正从增量扩张向存量挖潜转变，城市开始迈入存量更新发展新阶段。

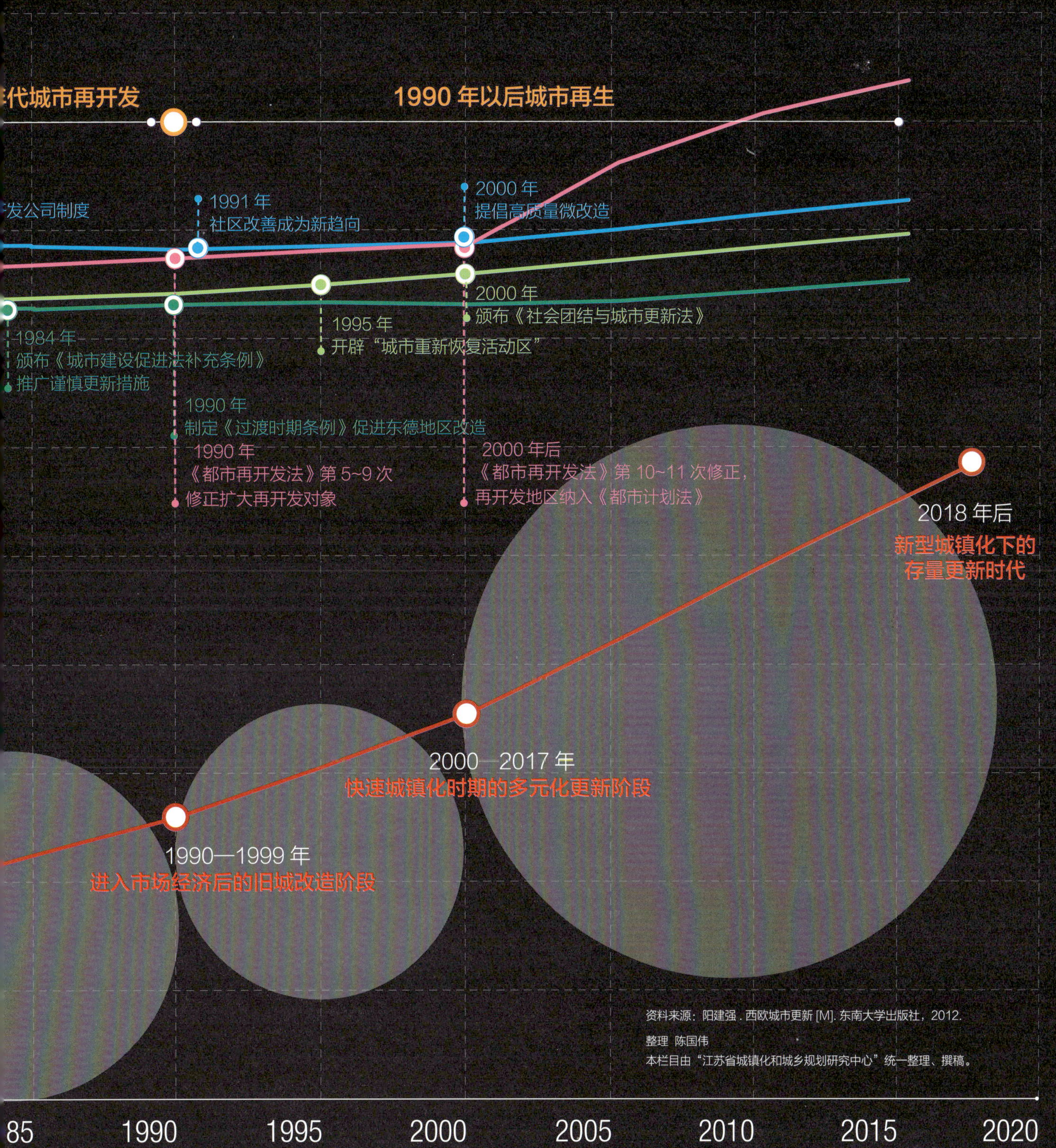

资料来源：阳建强．西欧城市更新 [M]. 东南大学出版社，2012.

整理 陈国伟

本栏目由"江苏省城镇化和城乡规划研究中心"统一整理、撰稿。

国内历程简介和阶段

国内对“城市更新”研究内容的演化是与我国不同时期经济建设和城市发展的主题密切相关的。随着我国城镇化进程的不断推进，城市更新也不断衍生出更广泛的内容。从旧城改造到城中村改造再到应对产业转型的低效更新，对城市更新的研究内容随着城市建设发展的需要而不断出现新的内容。同时，伴随中国社会经济发展水平的不断进步，以及受到国外后现代、人文主义等思潮的影响，在城市更新中不断涌现出的社会公平公正、公众参与的弱势群体表达权等社会问题也日益成为学者们关注的重点，关注视角从单一的地理规划学转向社会、经济、行政、法律等更广泛的层面。

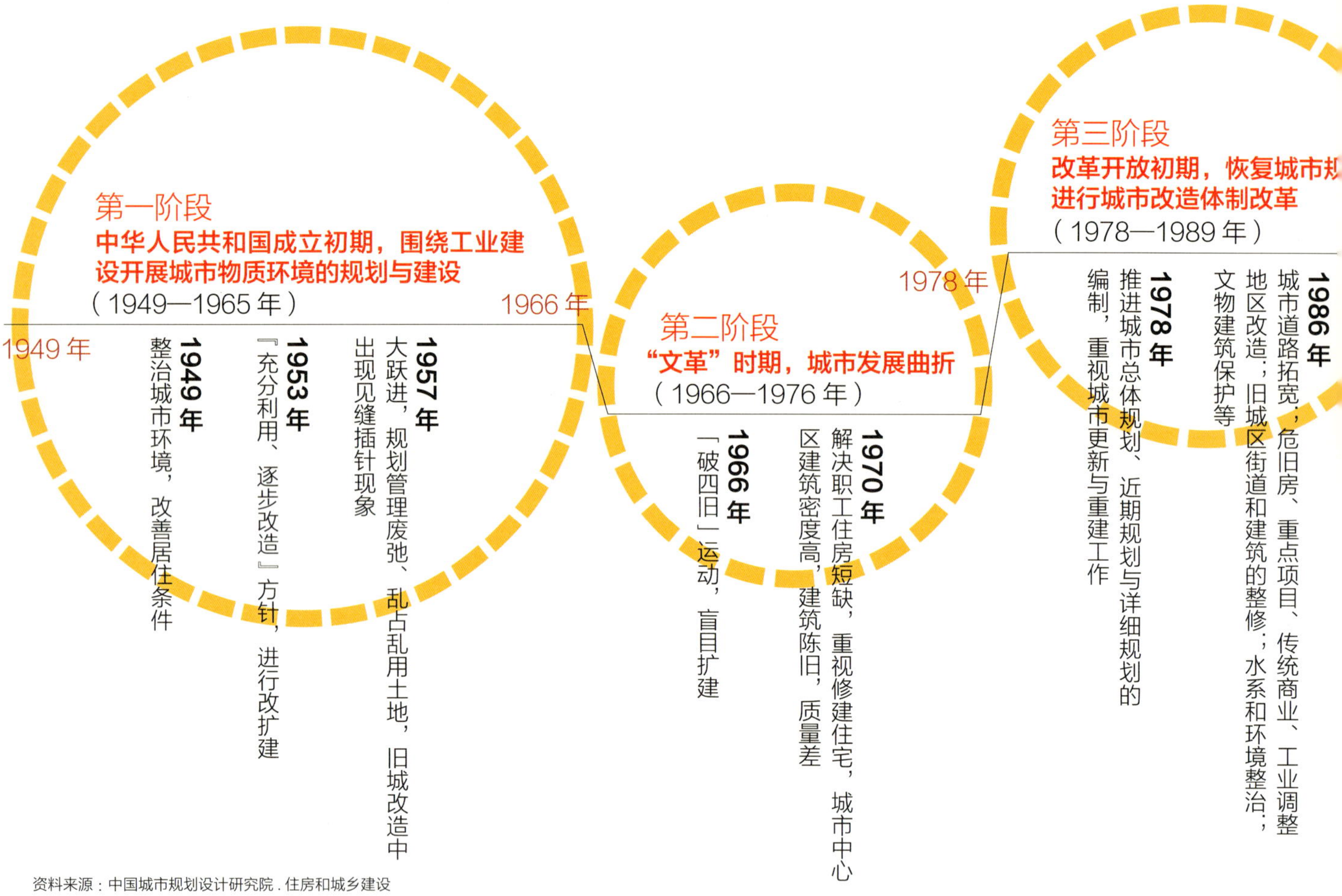

第一阶段
中华人民共和国成立初期，围绕工业建设开展城市物质环境的规划与建设
（1949—1965 年）
1949 年
1966 年
1949 年 整治城市环境，改善居住条件
1953 年 『充分利用、逐步改造』方针，进行改扩建
1957 年 大跃进，规划管理废弛，乱占乱用土地，旧城改造中出现见缝插针现象
第二阶段
“文革”时期，城市发展曲折
（1966—1976 年）
1978 年
1966 年 「破四旧」运动，盲目扩建
1970 年 解决职工住房短缺，重视修建住宅，城市中心区建筑密度高，建筑陈旧，质量差
第三阶段
改革开放初期，恢复城市规
进行城市改造体制改革
（1978—1989 年）
1978 年 推进城市总体规划、近期规划与详细规划的编制，重视城市更新与重建工作
1986 年 城市道路拓宽；危旧房、重点项目、传统商业、工业调整地区改造；旧城区街道和建筑的整修；水系和环境整治；文物建筑保护等

资料来源：中国城市规划设计研究院．住房和城乡建设部《总体规划编制办法改革与创新》课题专题——城市总体规划中的城市更新内容研究 [R],2011.

三亚　落实双修，试点推动

首个“城市双修”试点，政府主导推动；制订行动方案，梳理和确定重点示范项目；落实整体意向和建设实施方案，明确具体内容

深圳　法制完善，突出“更新单元”法定规划

优化更新法规体系，存量优化成为城市更新主要内容；构建“城市更新单元”核心的更新规划和管理体系；强化更新实施，建立合理的技术支撑

广州　常态管理，探索“微改造”

构建“1+3+N”规划体系，衔接法定规划；成立城市更新局，建立常态化管理机制，探索“微改造”

政府推动
规划引领
法制保障
社区参与
行动计划
更新平台

政府推动
规划引领
法制保障
社区参与
行动计划
更新平台

政府推动
规划引领
法制保障
社区参与
行动计划
更新平台

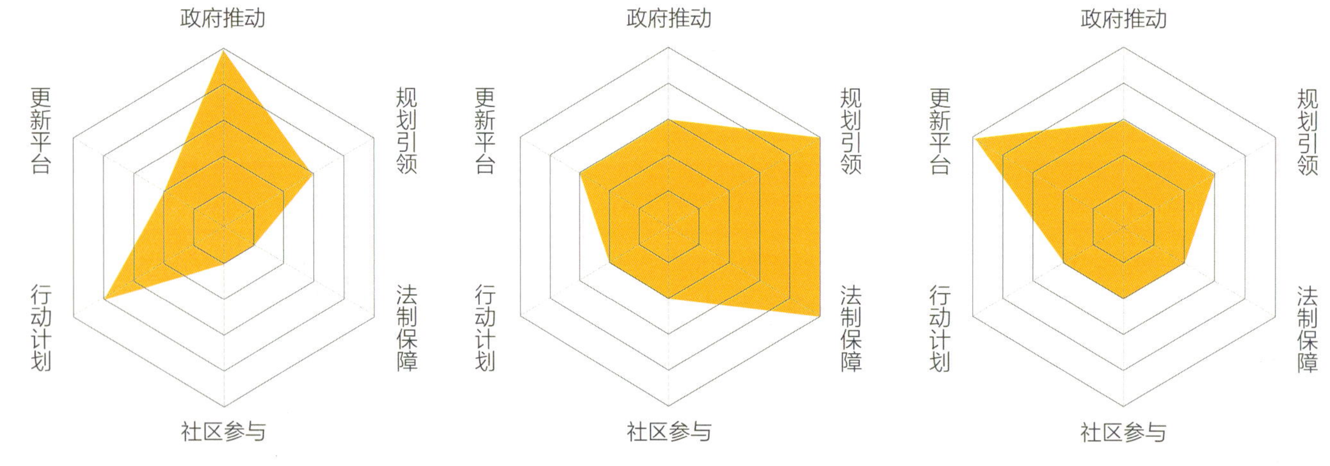

全国城市的更新种类和特点

目前我国部分城市正进入城镇化转型期，面临经济方式转变、城市发展模式优化等时代要求，城市空间也正从增量扩张向存量挖潜转变，尤其是部分先发地区城市已经就城市更新进行了广泛的探索，形成了较为典型的案例。从已有的发展来看，部分城市重视政府引导，自上而下全面推进更新计划，部分城市突出规划引领，建立完善更新规划体系；部分城市强调社区营造，自下而上调动地区更新热情；部分城市注重更新平台建立，理顺政府职能与社会参与的关系；还有的城市构建了完整的实施行动框架，创新行动模式。总之，各地正积极探索、不断创新，尝试建立适合自身发展需求的城市更新路径，以更好地契合转型趋势，推进城镇化向更高质量和水平发展。

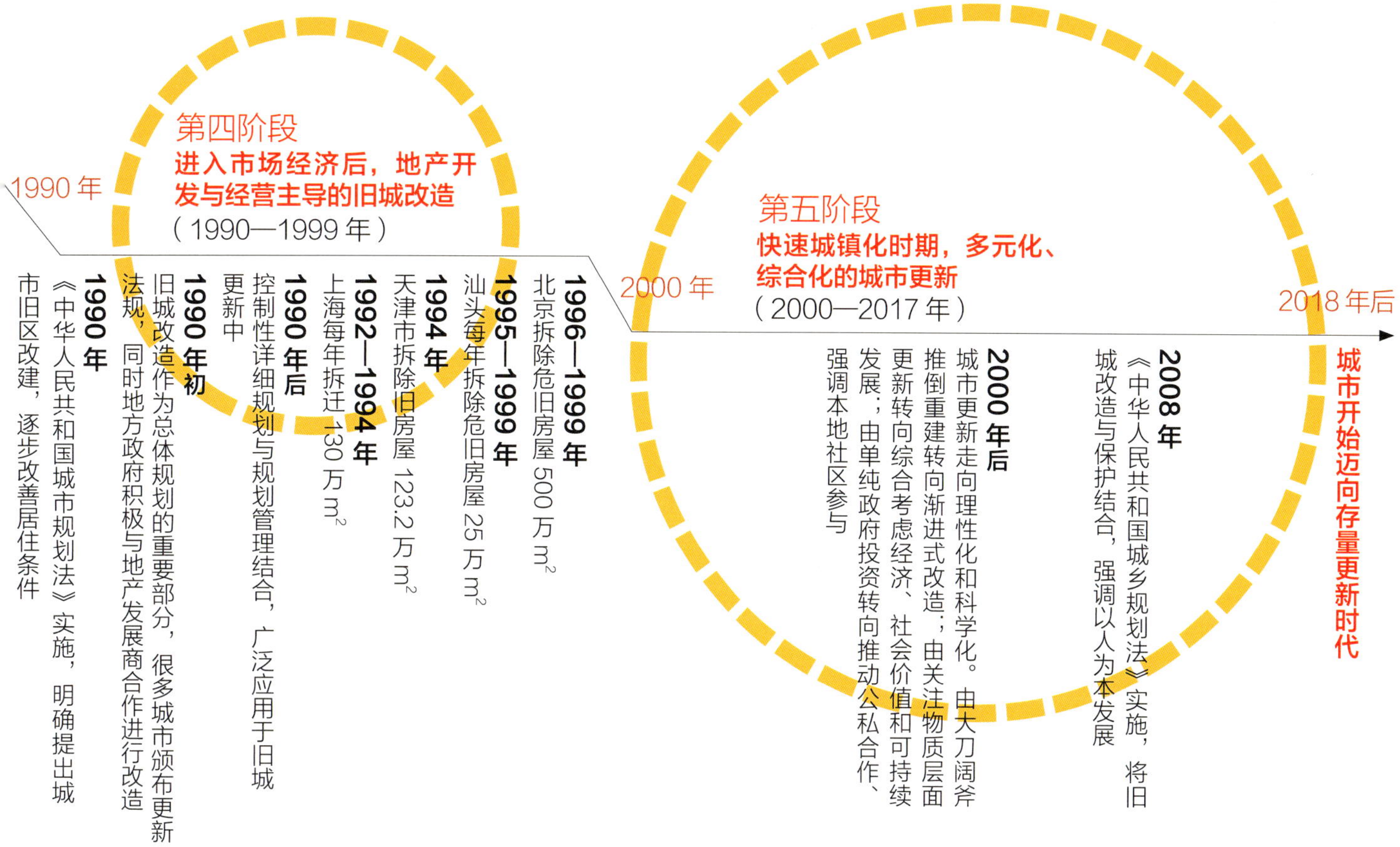

1990 年
第四阶段
进入市场经济后，地产开发与经营主导的旧城改造
（1990—1999 年）
1990 年
《中华人民共和国城市规划法》实施，明确提出城市旧区改建，逐步改善居住条件
1990 年初
旧城改造作为总体规划的重要部分，很多城市颁布更新法规，同时地方政府积极与地产发展商合作进行改造
1990 年后
控制性详细规划与规划管理结合，广泛应用于旧城更新中
1992—1994 年
上海每年拆迁 130 万 m²
1994 年
天津市拆除旧房屋 123.2 万 m²
1995—1999 年
汕头每年拆除危旧房屋 25 万 m²
1996—1999 年
北京拆除危旧房屋 500 万 m²
2000 年
第五阶段
快速城镇化时期，多元化、综合化的城市更新
（2000—2017 年）
2000 年后
城市更新走向理性化和科学化。由大刀阔斧推倒重建转向渐进式改造；由关注物质层面更新转向综合考虑经济、社会价值和可持续发展；由单纯政府投资转向推动公私合作、强调本地社区参与
2008 年
《中华人民共和国城乡规划法》实施，将旧城改造与保护结合，强调以人为本发展
2018 年后
城市开始迈向存量更新时代

上海	**导则统领，创新行动模式** 结合实施办法，制定“社区生活圈”和“街道设计”导则；创新行动模式，重大区域更新与“微更新”齐头并进；强化制度建设，鼓励先行先试

厦门	**共同缔造，强调治理创新** 先行先试，“共同缔造”成为老旧小区改造的重要推广理念；形成具有创新做法的社区自治更新模式

杭州	**行动指引，更新结合品质提升** 以《美丽杭州行动规划》为指引，与城市功能完善、产业创新、风貌塑造、公共服务完善、生活品质提升、生态修复等结合

政府推动
规划引领
法制保障
社区参与
行动计划
更新平台

政府推动
规划引领
法制保障
社区参与
行动计划
更新平台

政府推动
规划引领
法制保障
社区参与
行动计划
更新平台

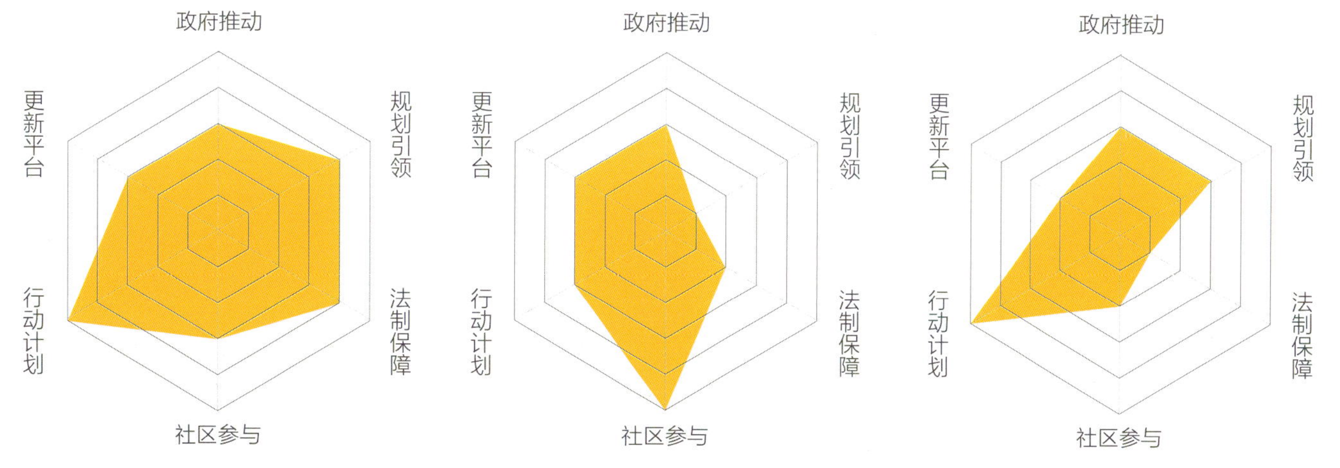

迈向高质量发展的产业空间再生产

□ 整理 许景

100 多年前，孙中山先生在《建国方略》中描述了中国现代化的第一份蓝图——工业化是“发奋为雄”的中国实现现代化的重要途径。100 多年后，中国工业化发展令世界惊叹：仅用短短几十年时间就走过了发达国家的百年历程，建成了体系完整、产能巨大的工业体系，成为全球第二大经济体和制造业第一大国。

2013 年我国服务业增加值占 GDP 比重达到了 46.7%，首次超过了第二产业所占的比重。2016 年，内地 31 个省、市、自治区中，已有 19 个省、市、自治区的第三产业比重超过第二产业，北京、天津、上海、重庆、江苏、浙江、广东等 13 个省市自治区的第三产业占比和城镇化率均已超过 50%。工业化的发展由高速增长阶段转向高质量发展阶段，在这一阶段，产业空间再生是城市经济转型与产业重构的空间响应和物质载体，粗放式的增长难以为继，绿色、高效、智造的产业发展路径逐步明确，促进产业空间的存量优化成为重要的空间策略。

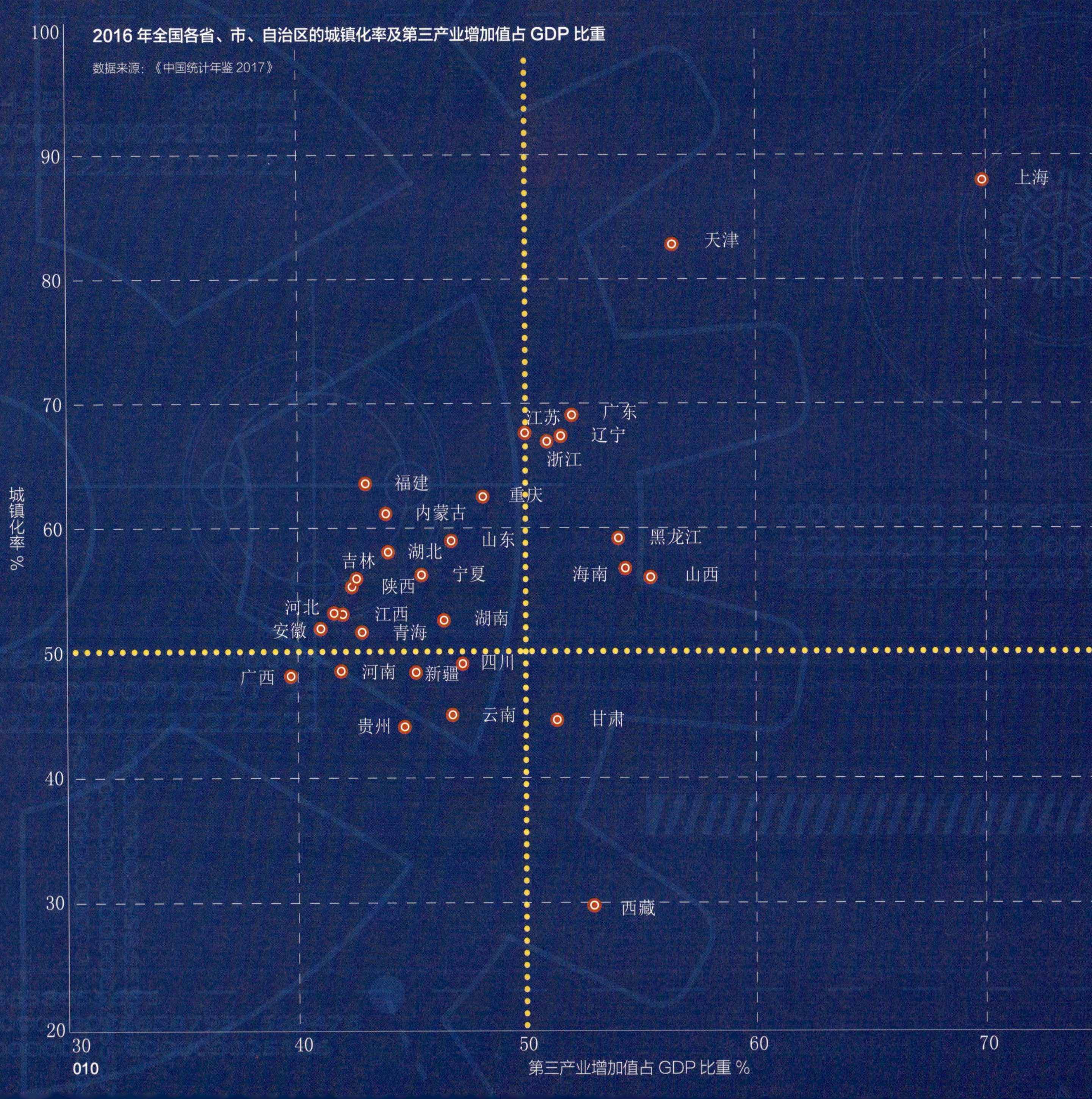

1986—1998 年 工业用地法律概念的逐步明确

1986 年 6 月
《中华人民共和国土地管理法》
在 1986 年土地管理法中并未明确对土地进行分类，工业用地出让按照国有土地出让规定进行

1998 年 8 月
《中华人民共和国土地管理法》（修正）
工矿用地被列入建设用地

2001—2007 年 工业用地『招拍挂』有偿出让制度的逐步完善

2001 年 10 月
《划拨用地目录》（国土资源部令第 9 号）
非国家重点扶持的能源、交通、水利等基础设施用地项目，应当以有偿方式提供土地使用权

2004 年 10 月
《国务院关于加强土地调控有关问题的通知》（国发〔2004〕28 号）
工业用地必须采用招标拍卖挂牌方式出让，出让价格不得低于公布的最低价标准

2006 年 8 月
《国务院关于加强土地调控有关问题的通知》（国发〔2006〕31 号）
国家根据土地等级、区域土地利用政策等，统一制定并公布各地工业用地出让最低价标准

2007 年 3 月
《中华人民共和国物权法》
中国工业用地“招拍挂”出让制度基本完善

2014 至今 围绕产业转型发展聚焦产业用地政策的创新

2014 年 9 月
《关于推进土地节约集约利用的指导意见》（国土资发〔2014〕119 号）
提出工业用地逐步减少，制定工业用地等各类存量用地回购和转让政策，建立存量建设用地盘活利用激励机制等
完善工业用地出让最低价标准相关实施政策、实行新增工业用地弹性出让年期制、重点推行工业用地长期租赁

2015 年 5 月
《关于支持新产业新业态发展促进大众创业万众创新用地政策的意见》（国土资规〔2015〕5 号）
围绕当前国家鼓励发展的战略性新兴产业、《中国制造 2025》、“互联网 +”等新产业用地、今后国家鼓励发展的新产业新业态，提出积极保障新产业发展用地、多种方式供应新产业用地、差别化保障新业态用地、鼓励盘活利用现有用地、完善新产业用地监管

同期
各省市纷纷出台产业用地创新政策
北京：试点高精尖产业用地弹性出让和土地年租制。
上海：允许工业、研发总部用地提高开发强度，正式实施工业用地弹性出让。
深圳：土地出让期限高 20~30 年、租赁期限 5~20 年，在 M 类（工业用地）下增加 M0 新型产业用地类型
…… ……

北京

80 90 100

聚变：锚定“制造强国”的产业空间升级

中国轻重工业比重变化（1949—2016 年）

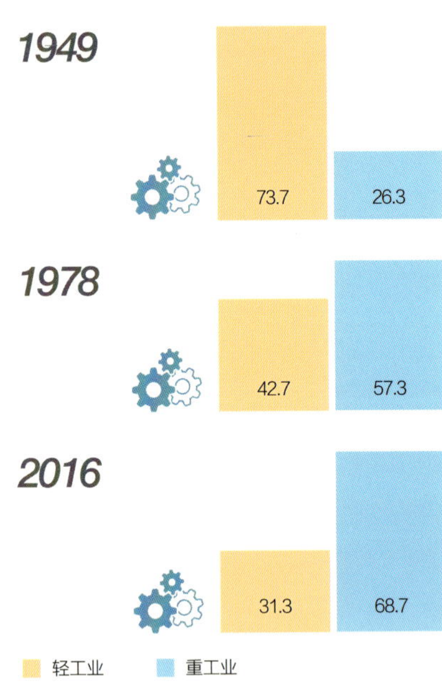

注：1949 年、1978 年轻重工业比重按照《中国统计年鉴 1981》中总产值数据测算，2016 年轻重工业比重按照国家统计局网站提供的主营业务收入数据测算。

更绿色、更高效的产业空间

60 余年来，我国的工业结构经历了从门类简单到齐全、从以轻工业为主导到以重工业为支撑的发展历程。但重化工发展带来的产能过剩问题和环境污染问题在新常态下异常突出，尤其是钢铁、建材、石化等行业。作为产业结构调整的空间响应，在工业用地的优化重组进程中，对于仍然保留的工业用地，需要解决的命题就是如何在生态优先的前提下实现价值链的提升。

重化工业多对水运“低成本、大运量”的特点依赖较强，主要邻近港口布局、集聚在沿海沿江地带，呈现占地面积大、交通量大、能耗大、污染高和强度低“三大一高一低”的特征。也正是由于沿海沿江地带的天然交通优势，导致这些地区必然承载一定的重工业发展功能，从德国的发展经验看，化工园区基本稳定分布在莱茵河、美因河、鲁尔河沿线。但德国的化工园区通过产品项目一体化、公用工程一体化、物流传输一体化、环境保护一体化、管理服务一体化等措施，呈现出绿色化、高效化等特征。2016 年以来随着长江经济带“大保护”逐渐形成了上下共识，对沿江 1km 地区的再度认知成为地方政府的关注焦点。德国的经验值得借鉴，需要在腾退出生态空间和生活空间的同时，实现生产空间的优化升级，破除旧动能、培育新动能，协同推进生态优先和绿色发展。

此外，科学系统评估可为优化产业空间提供有力支撑。如苏州通过搭建工业企业资源集约利用大数据平台，形成了企业评估的长效机制，在沿江产业空间的调整中发挥了重要作用。

2016 年中国分行业主营业务收入情况

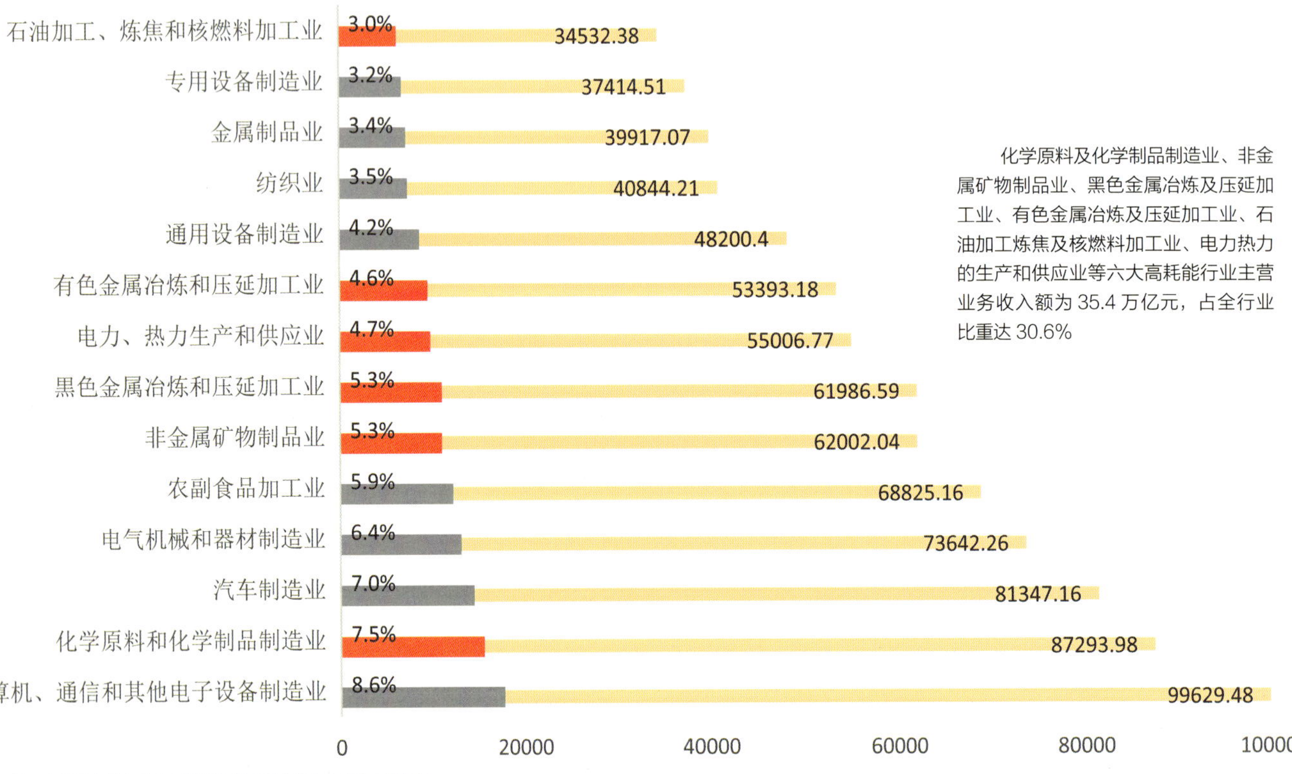

注：主营业务收入占全行业比重低于 3% 的行业未在上图显示。
数据来源：《中国统计年鉴 2017》

低效空间在哪里？产业空间基础数据库的苏州探索

苏州运用工业企业资源集约利用大数据平台，以亩均效益为核心，对企业评价分类，采取正向激励、反向倒逼的机制，引导企业绿色高效发展，推动产业转型升级。自 2016 年底苏州市工业企业资源集约利用信息系统建成运行以来，该大数据平台系统已归集工业企业 11.5 万户，共采集原始数据 560 多万条。

该系统综合考虑亩均税收、亩均销售收入、单位电耗税收、单位能耗销售收入、单位主要污染物税收及企业综合素质 6 个方面，对企业进行综合评价，分 A、B、C、D 四类，通过制定差别化政策，优先发展 A 类企业，支持发展 B 类企业，提升发展 C 类企业，限制发展 D 类企业。针对 D 类企业，综合运用水电气价格、污水处理费、排污权有偿使用费和交易等，倒逼其技术整改或淘汰退出。

系统大数据云图显示，苏州市目前沿江化工 513 家生产型企业，已经纳入了系统管理。根据系统分类，列入 D 类的有 205 家，占比 40%，均列为“263”专项行动中削减落后化工产能的重点对象。

对不同类型企业的分类政策

类别	主要内容
A 类企业（综合得分前 20%）	在用电、新增用能指标、兼并重组、信贷扶持、项目申报、城镇土地利用税等方面给予优先支持
B 类企业（综合得分 20%~60%）	在“零增地”技改、用电、新增用能指标、有序用电、兼并重组、项目申报、城镇土地使用税等方面给予支持
C 类企业（综合得分 60%~90%）	限制新增用地、要求有序用电时可作为限电对象，要求区域污染物限排时可作为限排对象。原则上不得增加用能和污染物排放总量指标。要去开展提档升级、节能减排、清洁生产等技术改造。不推荐申报省级以上扶持项目，自愿关停退出后可享受淘汰落后产能扶持政策
D 类企业（综合得分最后 10%）	限制新增用地，纳入低效建设用地再开发范围，要求有序用电时可作为限电对象，提高单位电价，要求区域污染物限排时可作为限排对象，提高排污总量削减要求和惩罚性征收排污权有偿使用费，限制低效落后产能扩张，主动关停退出可享受淘汰落后产能扶持政策。环保、安监、消防等执法部门加强督查、检查，加大整治淘汰力度

德国路德维希港巴斯夫港化工园的一体化绿色发展

巴斯夫在路德维希化工园区推崇“Verbund”（联合体）概念，其核心就是化工界经常提的“一体化”：建设公用工程“岛”，实现水、电、热、气的集中供应，同时通过 2850km 的管道，实现物质闭路循环。由于不再需要通过公共基础设施运输这些化学物质，环境极大受益。

一体化基地并非只有投入没有产出的公益项目。通过上下游生产工厂的相互连接，生产能耗大幅降低的同时，“纳废吐金”的增值链也应运而生。通过多年的一体化基础设施建设，路德维希港不但维持了其在化工重镇的地位，还成为一个高度洁净的宜居城市。

路德维希港巴斯夫化工园区

资料来源：http://www.wallpaperbetter.com/travel-and-world-wallpaper/basf-ludwigshafen-germany-242555

路德维希港巴斯夫化工园区的基础数据

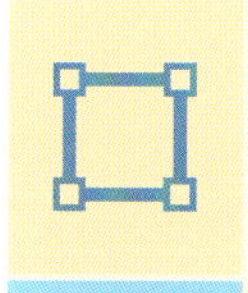

面积	道路系统	铁路系统	管道系统	联运枢纽	物流中心	发电厂	污水处理厂	就业岗位
$10km^2$	106km	230km	2850km	$26hm^2$	$12hm^2$	3 座（热电联产）	1 座（1 亿 m^3/年）	3.9 万 BASF 全球员工的 1/3

更混合、更柔性的产业空间

传统经济体系中，城市产业部门可分为以制造业为主体的第二产业和以商贸服务业为主体的第三产业，二产和三产特征清晰、边界显著。而随着信息和网络科技的发展应用，特别是以智能制造为主导的第四次工业革命（工业 4.0）到来，产业边界逐渐模糊，产业融合成为大势所趋。参与生产过程中的人，从"需要一双手"的工人，变成了更多需要进行创新的工程型创意人才，所有这些都呼唤着产业空间的重塑，需要满足更混合、更柔性的特征，包容全产业生态，逐步走向"产业社区"。

上述趋势促使产业用地的设置需要具备更多的弹性。以战略性新兴产业中的新一代信息技术产业为例，其以技术创新为动力，除传统的核心制造和辅助办公空间外，兼有较高比例的实验室、检测中心、数据中心等研发性空间；从就业人口看，中高学历和收入的研发人员比重较传统的电子信息产业普遍提升，对商业与休闲配套设施的比重和质量也提出了新的要求。传统产业用地具有"可混合功能类型少、配套比例低"的特征，往往无法满足新兴产业的空间需求。顺应这一趋势，在 2018 年 4 月的《城乡用地分类与规划建设用地标准》（修订）（征求意见稿）中，已开始对各类建设用地的可兼容类别和兼容比例建议提出了初步要求。

面对产业空间管理的新挑战，发达国家的规划经验是：一在规划分类上，通过不同程度的混合分类策略，促使功能混合使用；二是在开发管理上，通过精细化的开发许可策略，明确弹性边界和管理底线，指导后续功能的优化调整。

工业 4.0 改变了传统的生产关系

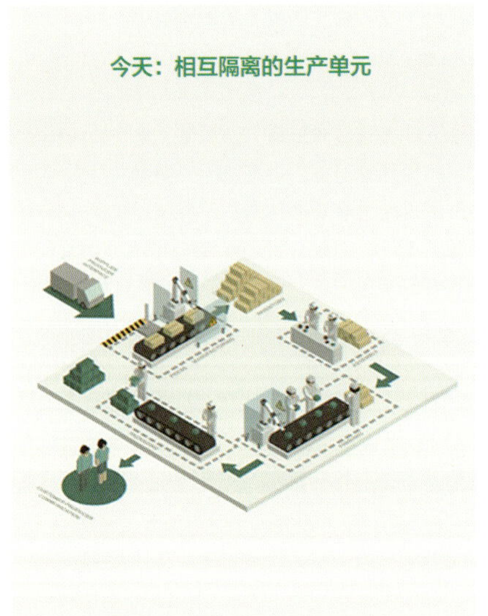

资料来源：https://www.bcg.com/publications/2015/engineered_products_project_business_industry_4_future_productivity_growth_manufacturing_industries.aspx

产业融合发展趋势

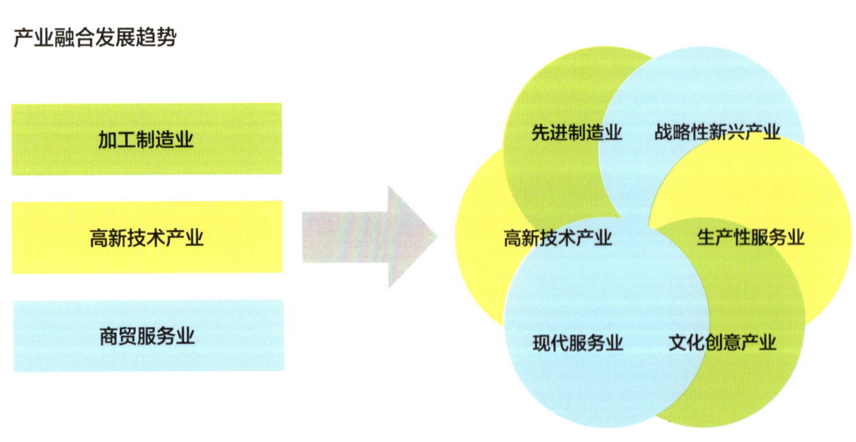

新加坡的 BP 用地（Business park）

为满足 2.5 产业和高技术产业的混合需求，新加坡在 2008 年版的总体规划中增加了 BP（Business Park）用地，兼容“研发 + 制造（无污染）+ 商务办公”等三类功能，用以支持“无污染的高科技研发产业、高附加值制造业、知识密集型产业”等三类高端产业发展。

· 限定特定区位使用

BP 用地并不是在全域普遍使用，而是必须满足一定的区位要求，仅在特定的战略性产业节点地区使用：一类是交通、环境及服务等条件较好的城市外围节点地区，例如新加坡科学园、纬壹科技城等；另一类是以商业和办公混合的次级中心地区，通过邻近住区增加新型就业机会，如樟宜商务园等；通过在政府划定的特定地区内进行小范围使用，与普通工业、商业办公等功能进行区分，保证了对特定产业的扶持目标。

· 划定功能集合

BP 地类的管理将其功能划分为主要功能、次要功能、附属功能和禁止功能等四种类型，每一类中都包括多种产业功能（部分细化到行业、环节和业态）。

各功能的划分与BP地类设置的目的密切相关。例如同是商业设施，但“便利店”为附属功能，而“大型百货商店”则是禁止功能，以保护产业的主导地位；同是电子通信产业，但附加值高、根治性强的“I 类电子通信产业”为主要功能，其他“II 类电子通信产业”为附属功能，从而满足高科技、高附加值的功能要求。

· 设定不同等级的开发许可序列

“开发许可”即在开发阶段，通过设定不同等级的许可序列，将空间发展的弹性功能限定在合理、可控的范围。新加坡在规划条例中明确，“主导用途之间的转换不需要许可，主要用途转换为次要用途则需要申请，禁止用途无法获得开发许可，保障主导用途的比例在总建筑面积的 60% 以上”。

新加坡 BP 类用地的功能集

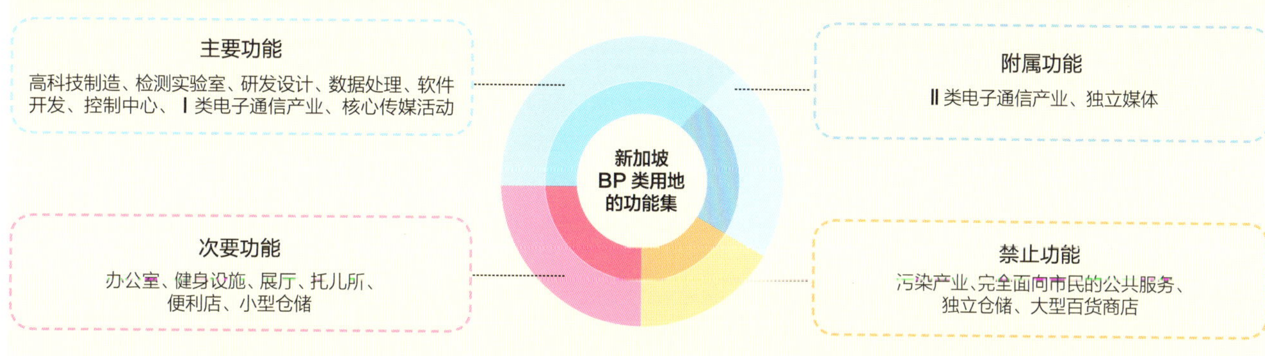

新加坡 BP 类用地中对电子通信产业的细分

I 类电子通信产业		II 类电子通信产业
提供网络基础设施或自主软件开发类行业，如远程通信、软件设计、媒体实验室	**行业类型**	以网络为其他行业提供服务，如电子商务、培训中心、开发管理、呼叫中心
技术及知识密集型，创新度高、根植性强	**主要特点**	劳动力及技术密集型，创新度低、根植性弱
BP 用地中的主导功能	**功能划分**	BP 用地中的附属功能

资料来源：

王旭，贺传皎 . 基于“适度混合”的产业空间规划管理模式探索——以深圳市为例 [C]//2015 年中国城市规划年会，2015.

蝶变：面向“宜业宜居”的产业空间转型

功能转换——转型的更多元选择

与应对产业空间升级的“优二”相对应，产业空间的“进三”也是热点议题。继 2002 年的北京“798”成功之后，文创开始成为老旧厂房改造的主要途径。可第 1 个“798”——北京的“798”可以耀眼，第 100 个“798”——N 线城市的“798”如果不发掘自己的独特性，也许就很快泯然众人矣。分析既有的成功老旧厂房改造经验，无一不是寻找到了契合所在城市的特质、寻找到了匹配的客户群体，才得以真正点亮一个片区、重获新生。

除文创以外，具有地方特色的新型消费空间、社区活动中心、老年人活动中心、教育空间、城市公园、体育产业基地等，都是很好的功能转换选择。未来模式的创新，仍然在于每个城市积极的创造。

景德镇陶溪川的文艺复兴

几年前，原景德镇宇宙陶瓷厂所在地的陶溪川还是一片破旧厂区。而自 2016 年“陶溪川 · CHINA 坊”国际陶瓷文化产业园正式开业以来，通过场所记忆的再现，打动并吸引了产业人群和消费人群。陶溪川成为千年瓷都景德镇的新地标。2017 年，陶溪川获得首批 10 个“国家级文化产业示范园区”创建资格，景德镇陶瓷工业遗产博物馆获得联合国教科文组织亚太地区文化遗产保护创新奖。

原国营宇宙瓷厂

改造后的国营宇宙瓷厂

资料来源：
http://www.jxwh.gov.cn/whzx/snzx/zx/201710/t20171017_1400887.htm
http://www.sohu.com/a/133086883_443753

广州棠下泊寓的以旧为新探索

万科的棠下泊寓，由广州的棠下村 6 栋厂房改建而来，为年轻人提供了优质的租住空间和一体化的社区服务。棠下泊寓的改建较好地实现了新旧融合。改造后，街景局部、分户墙的色彩是立面的活跃因素；公共交通走廊局部、原有的开敞楼梯被彩釉玻璃幕墙封闭，以解决飘雨问题；新加的钢制天桥让原本各自为政的屋面形成一个便利的整体空间。

改造前

棠下泊寓鸟瞰，位于广州棠下城中村内

改造后

资料来源：https://www.gooood.cn/tangxia-vanke-port-apartment-guangzhou-china-by-tumushi-architects-pba-architects.htm

老厂房："由点及面"的新生

西安老钢厂的活力重现

西安老钢厂是一座位于大学校园内（西安建筑科技大学华清学院内）的设计创意产业园，由新城区政府牵头，西安建大华清科教产业集团与西安世界之窗产业园投资管理有限公司共同开发。园区以"soho式艺术群落"与"loft式生活方式"为主题，集创意办公、创意集市、信息交流、产业研发、自主创业为一体，已成为西安文化、创意的聚集地。

西安老钢厂改造前鸟瞰图

资料来源：http://www.lgccyy.com

西安老钢厂改造后

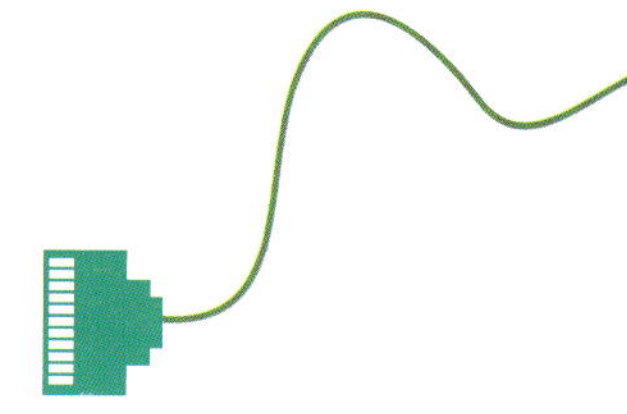

昆山锦溪的祝甸砖窑"变奏"

在昆山市祝甸村，厚重的砖窑文化与灵动的水乡相映成趣。村口由废弃旧砖厂改造而来的祝甸砖窑文化馆，一层主要用作小型主题课堂和文创市集、书屋、窑烧咖啡等公共开放空间。二层为砖文化展示区、大型会议区以及相关功能配套区。祝甸还在砖瓦厂集体建设用地上新建10栋与村庄民居风格一致的民宿，带动村民对自有建筑进行保护更新。这里还落户了乡伴创客学院总部基地和乡创WAKA学院，成为昆山乡村旅游新的亮点和品牌。

祝甸砖窑文化馆

资料来源：

https://www.jfdaily.com/news/detail?id=37949

http://www.sohu.com/a/113625153_475554

棕地治理——转型的公共安全底线

“棕地”一词最早在 1980 年美国《环境应对、赔偿和责任综合法》中被提出，主要是针对以旧工业地为主的土壤污染问题。2004 年 4 月 28 日，北京宋家庄地铁站施工过程中发生一起工人中毒事件，宋家庄地铁站所在地原是北京一家农药厂。农药厂始建于 19 世纪 70 年代，尽管已搬离多年，但仍有部分有毒有害气体遗留在地下。该事件标志着中国重视工业污染场地修复与再开发的开始。受制于基础数据的缺失，土壤污染具有很强的滞后性和隐蔽性，往往等到出事故或遭到民众举报投诉才开始治理，事故发生后，责任方的追责和修复资金的落实都存着一定困难，土壤修复和治理的技术也亟待提升。

我国土壤污染的基本情况

工业园区
（调查 146 家园区的 2523 个土壤点位）

超标点位 29.4%
不超标点位 70.6%

其中，金属冶炼类工业园区及其周边土壤主要污染物为镉、铅、铜、砷和锌，化工类园区及周边土壤的主要污染物为多环芳烃。

重污染企业用地
（调研 690 家重污染企业及周边的 5846 个土壤点位）

超标点位 36.3%
不超标点位 63.7%

主要涉及黑色金属、有色金属、皮革制品、造纸、石油煤炭、化工医药、化纤橡塑、矿物制品、金属制品、电力等行业。

工业废弃地
（调查 81 块工业废弃地的 775 个土壤点位）

超标点位 34.9%
不超标点位 65.1%

主要污染物为锌、汞、铅、铬、砷和多环芳烃，主要涉及化工业、矿业、冶金业等行业。

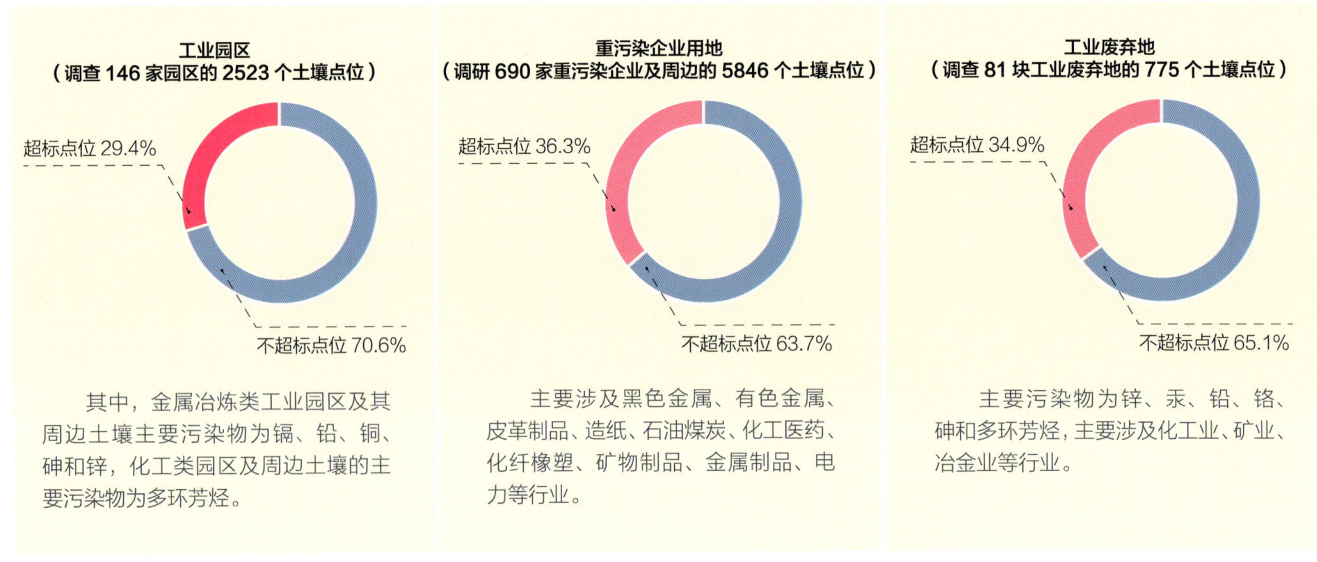

资料来源：国土资源部 . 全国土壤污染状况调查公报 [R].2014.

近年出台的与棕地治理相关的部分法规、政策文件

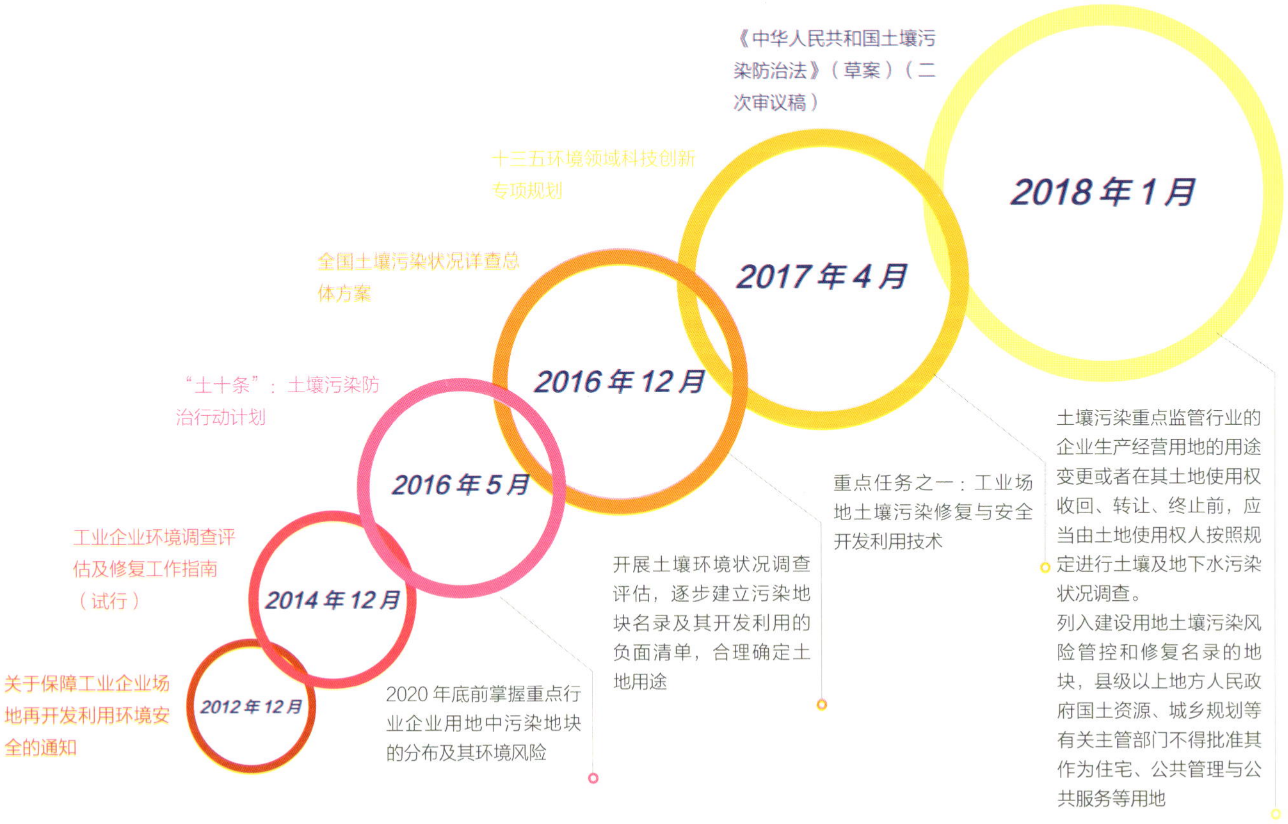

《中华人民共和国土壤污染防治法》（草案）（二次审议稿）
2018 年 1 月
十三五环境领域科技创新专项规划
2017 年 4 月
全国土壤污染状况详查总体方案
2016 年 12 月
“土十条”：土壤污染防治行动计划
2016 年 5 月
工业企业环境调查评估及修复工作指南（试行）
2014 年 12 月
关于保障工业企业场地再开发利用环境安全的通知
2012 年 12 月
2020 年底前掌握重点行业企业用地中污染地块的分布及其环境风险
开展土壤环境状况调查评估，逐步建立污染地块名录及其开发利用的负面清单，合理确定土地用途
重点任务之一：工业场地土壤污染修复与安全开发利用技术
土壤污染重点监管行业的企业生产经营用地的用途变更或者在其土地使用权收回、转让、终止前，应当由土地使用权人按照规定进行土壤及地下水污染状况调查。
列入建设用地土壤污染风险管控和修复名录的地块，县级以上地方人民政府国土资源、城乡规划等有关主管部门不得批准其作为住宅、公共管理与公共服务等用地

欧美发达国家工业化起步早，也更早受到城市棕地的困扰，普遍于1980年代走上棕地治理之路。以美国为例，围绕《超级基金法》《棕地行动议程》《小企业责任减免及棕地再生法》等形成了较完善的棕地再利用政策体系，在美国环境保护局（EPA）的倡议下形成了各级政府、非政府组织、私人机构和社区共同协作的棕地再开发利用体系，棕地和土地振兴技术研究中心制定了棕地现场调研和清理路线图，以利于各利益相关方更好地了解棕地调查和清理的方法。此外，美国还通过成立专项基金、进行全面技术探索、召开棕地年会、完善奖励机制等策略促进棕地的系统性修复治理。

国外的棕地再开发途径，可归纳为以开敞空间开发为导向的持续性修复（大部分项目的首选模式）、以工业遗产为依托的生态型修复、以新型产业为主导的置换型修复三种典型模式。但无论何种再开发利用方式，国外污染场地的环境调查和规划修复在总体策略、阶段环节及方法技术方面均存在一些共性，即均耗时长达几十年的时间，且是分阶段、循序渐进地进行，包括场地环境调查和生态修复治理、赋予棕地新功能以及与周边社区可持续整合发展的过程。此外，都进行了长期的环境跟踪监测。从这个角度看，我国的棕地修复治理也不会是一蹴而就的事情，需要长期的探索和努力。

美国的棕地修复路线图

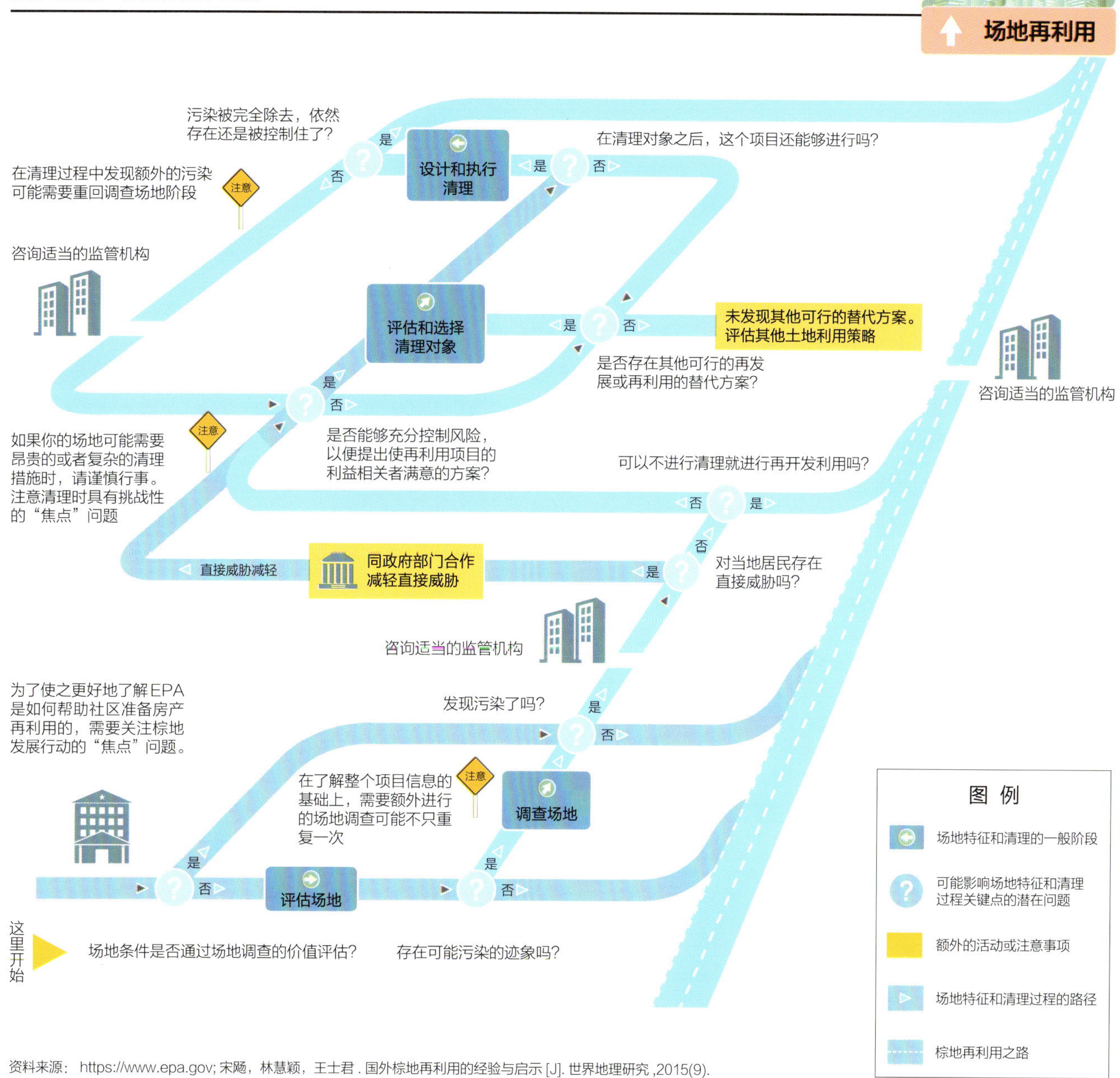

资料来源：https://www.epa.gov; 宋飏，林慧颖，王士君. 国外棕地再利用的经验与启示 [J]. 世界地理研究, 2015(9).

宜居住区新图景

□ 整理 鲁驰

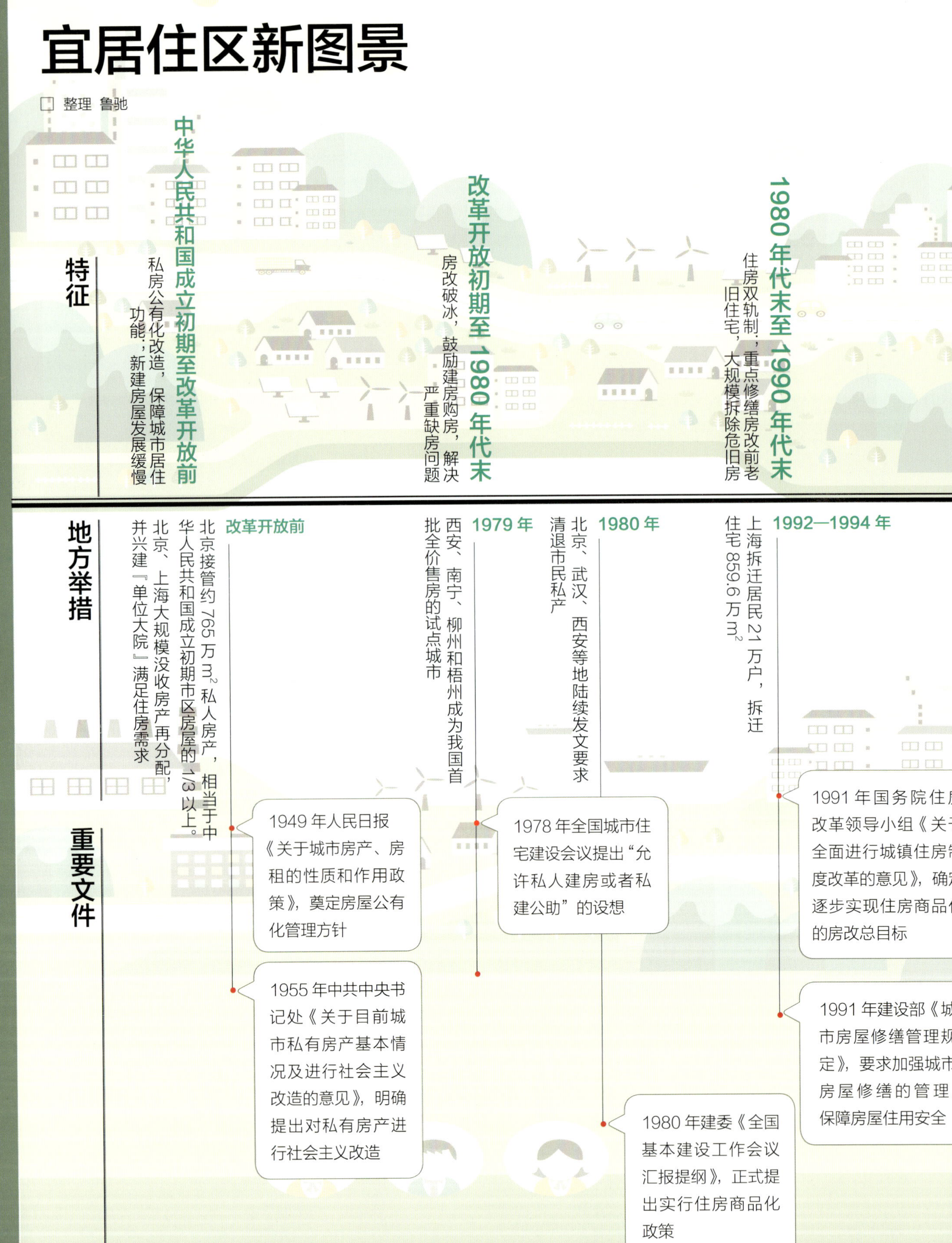

特征

中华人民共和国成立初期至改革开放前

私房公有化改造，保障城市居住功能；新建房屋发展缓慢

改革开放初期至 1980 年代末

房改破冰，鼓励建房购房，解决严重缺房问题

1980 年代末至 1990 年代末

住房双轨制，重点修缮房改前老旧住宅，大规模拆除危旧房

地方举措

改革开放前

北京接管约 765 万 m^2 私人房产，相当于中华人民共和国成立初期市区房屋的 1/3 以上。北京、上海大规模没收房产再分配，并兴建『单位大院』满足住房需求

1979 年

西安、南宁、柳州和梧州成为我国首批全价售房的试点城市

1980 年

北京、武汉、西安等地陆续发文要求清退市民私产

1992—1994 年

上海拆迁居民 21 万户，拆迁住宅 859.6 万 m^2

重要文件

1949 年人民日报《关于城市房产、房租的性质和作用政策》，奠定房屋公有化管理方针

1955 年中共中央书记处《关于目前城市私有房产基本情况及进行社会主义改造的意见》，明确提出对私有房产进行社会主义改造

1978 年全国城市住宅建设会议提出“允许私人建房或者私建公助”的设想

1980 年建委《全国基本建设工作会议汇报提纲》，正式提出实行住房商品化政策

1991 年国务院住房改革领导小组《关于全面进行城镇住房制度改革的意见》，确定逐步实现住房商品化的房改总目标

1991 年建设部《城市房屋修缮管理规定》，要求加强城市房屋修缮的管理，保障房屋住用安全

自1929年佩里提出“邻里单位”以来，人们从未停止探求什么是真正意义上的宜居住区。从第二次世界大战后大规模住区重建，到反思城市功能割裂、探索居住空间与城市公共服务的结合配置，再到今天的关注社交网络重塑、街区生活改善，住区的形式和内容伴随着城市更新历程一再演变。在我国，伴随着从住有所居向“住有宜居”发展，住区更新不再仅仅围绕危旧房修缮整改、保障房及公租房建设等开展，而是越来越关注多元人群的宜居需求。

1990年代末至今

住房市场快速发展，『单位制』社区逐渐衰落；住房调控要求提高；开始强调住区整体改善

1996—2000年

北京市计划投入资金240~300亿元拆除危旧房500万m^2，动迁居民12~15万户

1991年建设部《城市房屋拆迁单位管理规定》《关于印制颁发房屋拆迁许可证的通知》，明确住宅拆迁条件和执行流程

1994年国务院《关于深化城镇住房制度改革的决定》，要求“三改四建”，市场化改善居住条件

2005年

吉林启动棚户区改造、暖房子等工程，协同推进老旧小区改造

1998年国务院《关于进一步深化城镇住房制度改革加快住房建设的通知》，明确实行住房分配货币化，亦规定可有条件地继续发展自建房

2007年建设部《关于开展旧住宅区整治改造的指导意见》，将旧住宅区整治改造纳入政府公共服务的范畴

2009年，住建部等《关于推进城市和国有工矿棚户区改造工作的指导意见》对棚户区改造进行指导规范

2005年

辽宁提出用两到三年时间完成806万m^2棚户区改造任务

2018年

江苏省提出建设116个『省级宜居示范居住区』，并制定《江苏省城市治理示范社区建设行动计划》，从环境改善、设施补齐、服务提升等多方面提出住区更新措施

2013年住建部等《关于加强老年人家庭及居住区公共设施无障碍改造工作的通知》，要求推进老年人家庭及居住区公共设施无障碍改造

2017年中共中央国务院《关于加强和完善城乡社区治理的意见》，提出努力把城乡社区建设成为和谐有序、绿色文明、创新包容、共建共享的幸福家园

2018年

广州、厦门等15个城市开始开展老旧小区改造试点，提高群众获得感、幸福感、安全感

资料来源：
http://healthequity.cn/wp-content/uploads/2018/03/HiRes-e1468247189546-297x350.jpg

宜居住区需要什么样新图景

由于住区位置、建设情况、居住人群等千差万别，住区更新常常处于众口难调的尴尬境地。但无论住在什么样的住区里，人们对“宜居”的诉求，或许都离不开居住舒适、生活便利、环境优美、邻里友好共享的住区空间塑造。

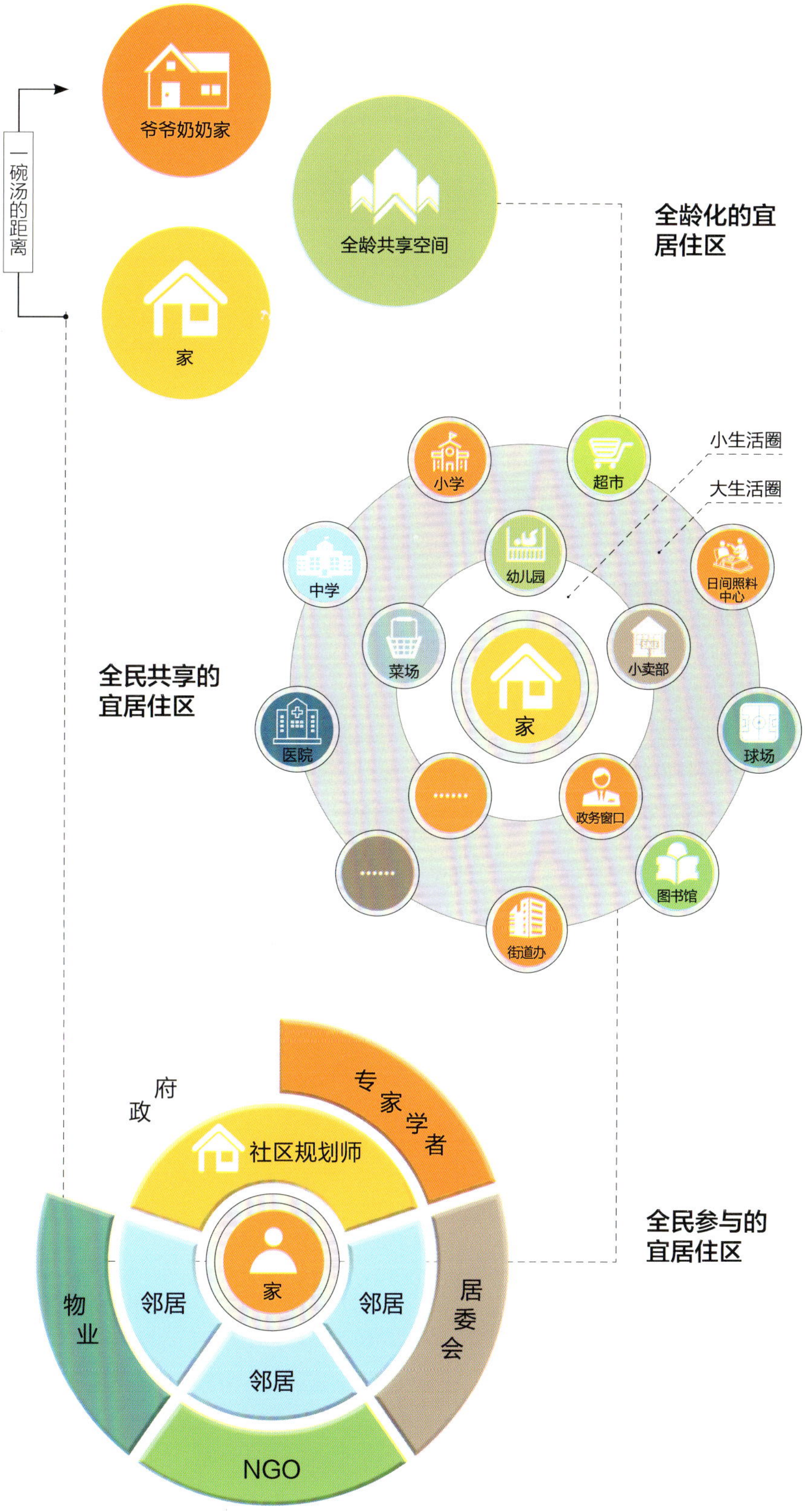

爷爷奶奶家
一碗汤的距离
家
全龄共享空间
全龄化的宜居住区

小生活圈
大生活圈
小学
超市
中学
幼儿园
日间照料中心
菜场
小卖部
家
医院
球场
……
政务窗口
……
图书馆
街道办
全民共享的宜居住区

政府
专家学者
社区规划师
物业
邻居
家
邻居
居委会
邻居
NGO
全民参与的宜居住区

全龄化的住区更新

全龄住区，对老年和儿童更友好

老人、儿童是社会中的弱势群体，住区更新中需要更多地更主动地关注他们的诉求。适老住区、全龄化社区、儿童友好社区在发达国家已有多年的实践发展，在国内住区更新中，不论是商业项目还是政府行动，都在进行本土化的探索。

尽管适老住区和儿童友好型住区包含美好的愿景，但达标要求较高，实现不易。例如，根据中国社区发展协会儿童友好社区专委会制定的儿童友好型社区标准，一个儿童友好型社区理想状态是具备“四室一馆”，即托儿室、早期启蒙机构活动室、特殊教育室、科学育儿咨询室、儿童图书馆等；而理想的适老住区也需要老年人活动中心、居家养老服务中心（站）、老年人护理中心（站）、社区日间照料中心等多种设施。在老旧小区的更新改造中实现老年人友好和儿童友好，更加阻力重重。

2012—2014 年

上海市连续 3 年开展“为 1000 个低保困难老年人家庭提供居室适老改造服务”。

2016 年

江苏开始在全省开展适宜养老住区建设试点示范工作，开展适老住区建设和改造。

2016 年

由国务院妇儿工委办指导，中国社区发展协会与中国儿童少年基金会联合发起“中国儿童友好社区促进计划”，目前已在 45 个城市的 300 多个社区落地。

2018 年

深圳提出年内将实现 10 个以上儿童友好型社区。

资源紧缺 —— 一体化空间促进代际共享

居民拉横幅反对嵌入式养老

资料来源：
http://imgs1.soufunimg.com/news/2018_04/04/1522809007185.png

住区资源有限，如何以有限的空间、人力、财力满足老人、儿童的种种诉求，实现多种功能空间和设施配套，成为难题。近两年来，“嵌入式养老”住区改造项目在许多小区遭到居民激烈反对，部分居民认为小区连基本的幼儿园、托儿室都尚未配备，而事不关己的养老空间不应进入小区。

事实上，如果住区更新中不将老人、儿童视为负担，而作为宝贵的社会资源看待，则可能找到解决空间打架问题的另一种出路。通过充分利用既有空间，在充分考虑老人、儿童及其他居民利益的情况下，进行一体化设计和改造，力图在有限空间中缝合老人、儿童等不容人群的需求，提供多功能复合式的功能空间，为不同年龄层创造碰面的场所和机会，把家庭之外的代际交流融合到社会生活之中。近年来，德国、日本等国家都进行了形式不同、各有侧重的“多代屋”探索，上海、江苏等地区也出现了扬州桐园、上海延吉新村睦邻中心等中国版的“多代屋”，使这些住区代际关系因交流和互助而改善，参与者、整个社会都从中获益。

德国多代屋代际交流场景

资料来源：
https://www.deutschland.de/sites/pimg_189009_Demografie_Mehrgenerationenhaus_Bevoelkerungsentwicklung_A.jpg

德国多代屋

德国社会团体和地方政府探索出包括“多代屋”(Multi-generational Centres)在内的多种互助模式，科隆、柏林有老年和青年的“合住屋”，慕尼黑和肯普滕有“一体屋”，勒尔拉赫有“青年和老年的生活空间”等。至 2017 年，德国已经建立了 500 个“多代屋”项目。

在“多代屋”里，有针对老年人的陪护式居住，有帮助双职工父母的儿童看护，有社区的健康咨询服务，还有年轻人和老年人共用的读书角、咖啡厅。现在“多代屋”共有 1.6 万名服务人员，其中约 2/3 为义务服务。例如，里德林根的“乐龄合作社”中，会员或志愿者提供家务、购物、咨询、拜访等服务。参加者可以选择小时工资，也可以把服务小时存在合作社，用以日后获得同样时间的免费服务。这种做法既鼓励老人互助和自立，也吸引年轻人参与进来，通过服务老人为自己未来的养老做准备。

扬州桐园代际交流空间改造

扬州桐园将住宅楼底层改造为可供代际交流的公共空间，设有图书馆、健康之家、学堂、老年活动中心、会所等公共设施，其公共设施布局充分考虑了老年人的生理和心理特征，体现了“亲情养老”的理念。小区内设立扬州市图书馆桐园分馆，在阅览室旁边同时布局儿童读书和活动空间，方便老年人与儿童一起交流玩乐，增加老年人生活乐趣。与图书馆相邻，设有“健康之家”，由居住在小区的扬州名医免费坐诊。小区内设有桐园学堂，引入“亲情母语”机构，学生放学后由专门老师先接入学堂学习活动一段时间，待父母下班后再接回家。

扬州桐园学堂场景

利益冲突——政策设计与社区治理同步破解难题

住区更新改造直接涉及大量利益相关居民，处理不当很容易顾此失彼。以加装电梯为例，老住宅加装电梯自提出起就受到高层老年住户的广泛欢迎，但中层住户犹豫，低层住户“习惯性反对”，担心遮光、有噪声。费用如何分摊？建筑是否具备加装条件？种种疑虑，加大安装难度。当弱势群体的基本生活需求与他人利益发生冲突，该怎么办？唯一的办法是通过政策设计与社区治理同步破解难题。

南京“破冰”老旧小区加装电梯难题

2016 年初，南京启动为无电梯小区住宅增设电梯工作，玄武区作为试点先行探索。玄武区是南京市老城区，60 岁以上老人占比 21.7%，全区无电梯的住宅单元 9000 多个，涉及居民 11 万多户。截至 2017 年底，全区批复加装电梯规划许可证 615 个，已施工和基本建成 311 部。

1. 根据《物权法》，应用“双三分之二”原则增设电梯。一是支持业主人数要占有整个业主人数的 2/3 以上，二是支持业主专有建筑面积要占住宅楼建筑面积的 2/3 以上。目前，上海、杭州、广州、深圳、厦门、福州等地旧住宅电梯加装均遵循“双三分之二”原则。

2. 完善规管体系，首创“专办员”制度。玄武区成立了既有住宅增设电梯指挥部，全区 7 个街道全部成立增梯工作领导小组，并制定费用分摊、补偿参考标准、电梯施工管理等 15 个相关配套细则，例如规定七层及以上住宅楼可享受到最高 20 万元 / 台的财政补贴。同时，在南京市首创了“专办员”制度，每个街道安排 2~3 名电梯专办员，代办全部审批手续，不让群众跑腿。

3. 与社区治理同步。玄武区专门撰写了《致一楼居民和高层居民的一封信》，陈述利弊，表明政府办好民生服务大事的决心。同时，社区出面召开居民议事会，把全体居民召集在一起，并邀请技术、市场、法律各方面的专家，对电梯设计、施工安全等进行集中论证，并现场解疑释惑。

电梯加装实景

资料来源：
朱筱．“破冰”老旧小区加装电梯难题 南京玄武区有办法 [EB/OL]. 新华社 .http://www.xinhuanet.com/2018-04/11/c_1122668359.htm.

公共空间改造期待进一步制度破局

住宅楼公摊空间、小区公共空间难改造，症结或在产权。国内大部分地区仿效发源于香港的“公摊”设计，使得小区道路、公共空间公共化困难重重。2013 年，公摊发源地香港废除房产交易中的“建筑面积”概念，公摊在香港成为历史。未来旧住宅电梯加装的推广普及，以及住宅公共空间改造、小街区改造等，还有待房产交易等制度设计和立法工作的进一步跟进。

全民共享的住区更新

改善生活圈，居民买不买账

“生活圈”的概念起源于日本，1950—1960 年代，日本在工业化与城市化的过程中出现资源过度集中、地区差距拉大、环境污染日益严重等问题，因此日本政府于 1965 年提出“广域生活圈”的概念，1969 年建设省和国土厅又分别提出“地方生活圈”与“定住圈”的概念,其中“定住圈”类似于“15 分钟社区生活圈”，即完善居民以家为中心，日常进行包括购物、休闲、通勤（上学）、社会交往和医疗等各种活动的社区环境。

受日本的影响，“生活圈”概念在韩国、中国台湾等地扩散开，在不同国家、不同地区和不同尺度下形成不同的“生活圈”体系。在中国，由于大型封闭社区造成城市功能割裂、交通拥堵、社区商业凋零、公服配置效率低下等问题，尤其是住宅产业化和商品化之后，居住区开发强度出现失控、公共服务跟不上的情况，打造“生活圈”开始成为城市更新的重要内容。

郑州 15 分钟生活圈提出 4 年之调查

一些居民叫好。“如果 15 分钟生活圈能实现，小区附近的配套设施更完善，老百姓肯定欢迎啊！”“小区的娱乐生活设施搞得不错，这方面俺们这儿已经成熟了。”

另一些人不认可，觉得生活圈概念新颖，但体验度不高。“说是实现了，但一直没见有啥具体成效啊！”对于医疗、教育等服务，也有相当一部分人只要大的好的，不要近的。“步行 15 分钟很可能连医院都到不了，还 15 分钟找到医生，不是开玩笑吗，除非说的是诊所的医生。”“15 分钟到达学校也是做梦。都想考去好点的学校，那离家就远了。”

资料来源：王苗苗，王杰 . 郑州 15 分钟生活圈提出 4 年 [EB/OL]. 河南商报 .http://henan.qq.com/a/20150715/008193.htm.

老小区周边到底需要什么

生活圈有多种概念，归根结底是因为面向人群不同，利益诉求不同，生活圈也不可能让所有人买账。生活圈设施面向的市民阶层是多样化的，某类设施的缺失或完善对不同人的影响并不相同。因此，生活圈完善似乎不应该一刀切地采用一个标准，而应更聚焦地针对不同类型的居民和小区分别讨论。例如对于不常使用智能手机、不会网购的老人来说，理想生活圈的半径明显更小，且应可以方便买菜、看病等，而对于习惯线上线下相结合的年轻人来说，生活圈的商业等设施半径可以更大，如阿里、京东等企业就提出了 3km 生活圈概念。

生活圈的内容差别

江苏“15 分钟社区生活圈”和“5 分钟便民服务圈”：完善中小学、幼儿园、菜市场、便民超市、物流配送、街头绿地以及公共管理、医疗卫生、文化体育、社区养老等设施，形成以社区级设施为基础，市、区级设施衔接配套的公共服务设施网络。大力推进各类城市公园、公共服务设施的免费开放，以城市绿地系统、林荫道路串联公共图书馆、美术馆、文化馆、博物馆、科技馆、体育场馆等公共设施，形成服务完善、使用方便、环境宜人的城市开放空间体系和公共活动区域。

上海“15 分钟社区生活圈”：打造社区生活的基本单元，在 15 分钟步行可达范围内，配备生活所需的基本服务功能与公共活动空间，形成安全、友好、舒适的社会基本生活平台，内容包括多样化的舒适住宅，更多的就近就业机会，低碳安全的出行，类型丰富、便捷可达的社区服务，绿色开放、活力宜人的公共空间等。

企业“3 公里生活圈”理念：以社区居民为对象，在方圆 3km 范围内实现多种业态在辐射范围内的有效集合。主要面向年轻人线上线下结合的生活方式，推出创新业态或配送服务能力，连接到门店周边社区生活场景。

资料来源：
城市数据团 . 十五分钟生活圈，你家小区达标了吗？ [EB/OL].https://mp.weixin.qq.com/s?__biz=MzAwNTkyNDExOQ==&mid=2247486478&idx=1&sn=b7a443ca5cf36c0b570ee2f23fc834e4&source=41#wechat_redirect.

城市数据团：15 分钟生活圈，你家小区达标了吗？

数据媒体城市数据团对上海市的社区进行了一次“15 分钟生活圈”大体检，随机选取了上海市的 1 万个小区作为样本，画出了从每个小区的地理中心点出发，步行可达的“15 分钟生活圈”范围，并从约 10 万个各类 POI 中整理出 6 个大类 21 个小类的生活服务类设施的 POI，判断小区各项指标是否达标。

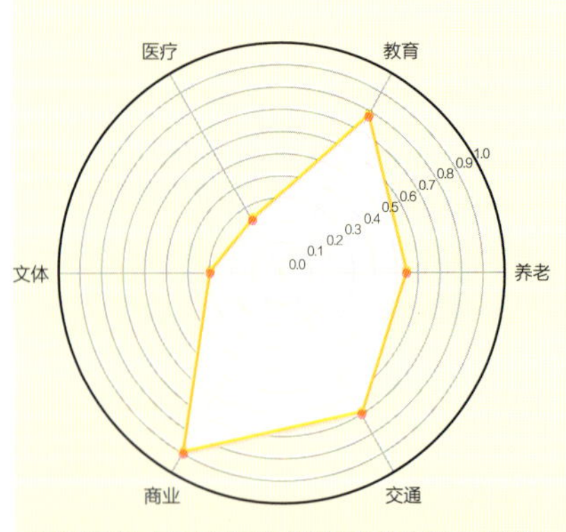

上海居住小区各项公共服务设施达标情况

上海各区域“15 分钟生活圈”平均达标项数

按环线汇总	内环内	内环－中环	中环－外环	外环－新外环	新外环－效环	郊环外	全市汇总	平均达标项数
平均达标项数	5.0	4.2	3.4	1.9	1.8	1.6	平均达标项数	3.5

从总体指标看，在上海的 1 万个样本小区中，六项全部达标的小区仅占 12%，而有 44% 的小区达标类型甚至不足三项。越靠近市中心的小区达标项数越多，六项全部达标的小区几乎全部位于中环以内区域；在外环线周边和新城地区，则交错分布着从 0 项达标到 5 项达标的多类小区。

从分项指标看，上海的不同类型的公共服务设施达标率严重失衡。达标情况最好的是商业、交通及教育设施，有 70% 以上的小区在这三项设施的 15 分钟生活圈标准达标；养老设施达标的小区占总抽样小区的比例为 55%，基本上两个小区中就有一个在养老服务设施上存在缺失；相比最差的则是文体和医疗设施，达标的小区不足 30%。

从年龄结构看，调查选出三类典型人群，并对他们 15 分钟宜居小区做了定义：

青年人：20~29 岁、无子女的上班族，偏好交通、文体、商业达标的小区。

中年人:30~49 岁、有学龄子女的上班族，偏好教育、交通、商业达标的小区。

老年人：60 岁以上，偏好养老、医疗、文体达标的小区。

把样本小区居民按照年龄结构细化，来看看不同年龄段的市民是否能够在 15 分钟内享受到自己需要的公共服务设施。结果显示，对中年人而言，可供选择的房子是非常充裕的（小区占比 63%，远远大于人口占比 35%）。青年人宜居小区占比高于青年人的人口占比，但这些房子同时也适合其他人，这意味着青年人与他们的长辈之间存在着对宜居小区的潜在竞争。对老年人而言，不仅适宜老年便利生活的小区比例远远低于人口比例，而且在这些养老设施相对便利的小区中，还面临着来自中年人和青年人的全面竞争。

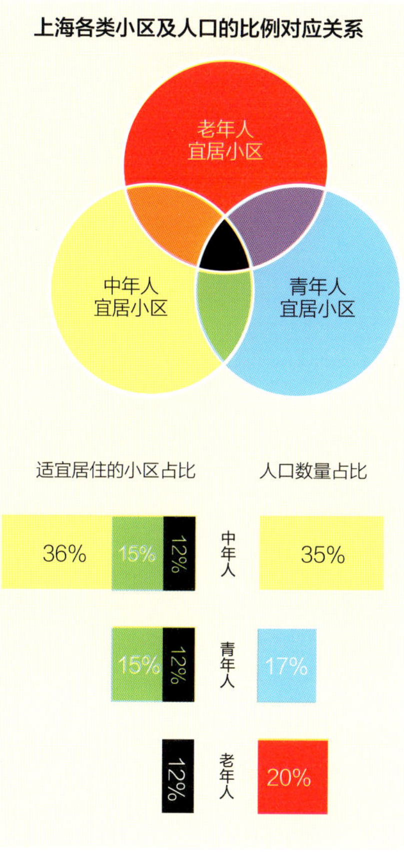

追求高大全还是留住小而实

生活圈的完善往往伴随着街区业态的更新，商业地产项目借助新的业态引入进来，而老菜市场等一些居民使用频率较高，但环境衰败的空间则被大量地抹去。完善生活圈究竟应该追求高大全还是留住小而实？或许这些具备了长期的运行过程，和当地人的生活融为一体的老旧公共空间能够保留并升级，作为新型的、能带来效益的业态以及生活圈的一部分。

资料来源：
Cityif. 久违了！新年伊始，送上这篇关于老菜市场重生的年终总结 [EB/OL].https://mp.weixin.qq.com/s/KsDf429weTGZWf-gdnS0gA.

北京大栅栏天陶社区老菜市场重生

2015 年，微信公众号“旧城吃喝玩乐地图”发起了关于老北京菜市场去留的话题，提出可以通过“外形大变身、功能大混搭、管理大升级”的方式使菜市场成为“接地气的活力城市新名片、小而强的地方经济润滑剂、家门口的社区交往会客厅、最时髦的健康生活发生器”。话题发出后，不但收到来自规划圈、高校、普通市民的投稿，更得到北京日报、BTV 新闻等媒体的专题报道。

2015 年 8 月，新闻报道著名的大栅栏天陶广大市场 8 月 31 日将永久关停。在清华社会学系学生的共同组织下，几位居民、规划师和高校学生组成了调查行动小组。行动小组了解到，天陶的撤市对许多摊主而言就是失业，而天陶菜市场企业管理层会合并到其他市场，来自北京本地的普通员工也将面临下岗。行动小组决定借助“大栅栏设计周”，改造并展示天陶社区老菜市场，打造“菜 · 本味”市集，改造紧密围绕“菜”这一主题展开，但又在原有传统菜市场的基础上提升和创新。

市集结束的第二天，天陶公司负责人发来信息：“‘大栅栏社区设计周’天陶市集落下帷幕，应广大群众的要求天陶公司决定将全部设施保留不再拆除，交还产权单位。”

大栅栏设计周菜市场市集展览

全民参与的住区更新

社区参与“有名无实”

随着国家治理模式的转变、存量规划程序费用的提高和公众产权意识的觉醒，学界对城市规划中公众参与的重要性已形成充分共识。2016 年初，《中共中央国务院关于进一步加强城市规划建设管理工作的若干意见》中特别强调“完善社会参与机制，充分发挥专家和公众力量，加强规划实施的社会监督”。住区更新牵扯大量存量地区的利益相关者，居民行动起来改造家园环境成为住区更新的新浪潮。

与此同时，由于制度设计还不够成熟，国内社区参与的成功案例往往难以复制。一方面，多数意愿强烈的主动性参与难以影响规划结果，而政府组织的规划参与或是不计成本的表演性参与，或并不足以应对难以调和的利益矛盾；另一方面，规划中的程序性参与和公众自组织的日常治理有时被混为一谈。从体现政治正确的“运动式参与”，到真正提升城市规划的科学性和可接受性并恰当回应依法治国要求的“治理性参与”，仍有相当的改进空间。

明星小区：搭建多元平台，“社区自治”重构社交网络

近年来，国内的一些住区或因为社区文化颇具特色，或因为住区居民的社会资源丰富，从而吸引到规划设计机构、高校学者及社会活动组织等多方人士参与到社区营造中来。政府、规划设计机构、非政府组织、社区规划师、志愿者、媒体工作者等合作搭建社区自治的长效平台，为社区自治探索了多种可能性，也推动了社区参与共识的形成。

资料来源：
留住史家胡同 [EB/OL].http://www.lwdf.cn/article_2400_1.html; 规划中国 . 从晨曦到日暮，从“我”到“我们”——“城市社区参与式规划”沙龙活动报道 [EB/OL].http://www.sohu.com/a/210610024_611316.

史家胡同社区营造

1. 多方支持成立社区自治平台

史家胡同位于北京东四南历史文化街区内，是北京旧城内典型以居住功能为主的胡同。

2011 年，朝阳门街道和英国查尔斯王子基金会（PFBE）举办了一系列社区工作坊，并提出将史家胡同 24 号改造成胡同文化博物馆——“文化的展示厅、居民的会客厅、社区的议事厅”。以史家胡同博物馆为根据地，朝阳门街道又陆续与北京市城市规划设计研究院、北京工业大学建立合作关系，成立并培育了社区自治组织“史家胡同风貌保护协会”。协会由理事会、监事会、项目部、办公室组成，配套有志愿者、查尔斯王子基金会等合作组织。查尔斯王子基金会、东城区名城办、街道和社区为更新项目提供资金援助。

2. 社区规划师与居民全过程沟通，推动改善公共空间

史家胡同以大杂院内公共空间改造为题，推出“咱们的院子——东四南文保区院落提升”项目。来自中央美术学院、北京工业大学、北京市城市规划设计研究院等 6 家专业机构的社区规划师志愿者，负责 8 个院落的参与式改造设计。为契合居民需求，社区规划师牵头制定了“前期踏勘、参与式设计、实施准备、动工实施、后期维护”5 个环节全过程公众参与的项目流程，数十次入院与居民面对面交流，在关键节点召开居民会议，签字确定设计方案。院落改造完成后，史家胡同召开“胡同茶馆会议”，由居民自己讨论撰写中英双语《史家胡同居民公约》，悬挂在胡同醒目位置，成为唤起家园意识、约束自身行为的道德准则。

3. 协同策展，扩大社会影响力

史家胡同连续两年借助北京国际设计周机会，举办以“为人民设计”为题的展览、沙龙、工作坊等活动，向公众宣传街区更新理念，总结顶层城市规划与基层城市治理紧密结合的工作模式。活动以旧城社区更新为基本元素，基于“活的胡同，胡同即展场”的概念，将胡同中人们真实的日常生活与各种内生的或外来的设计周展览和活动融为一体。

社区自治组织架构

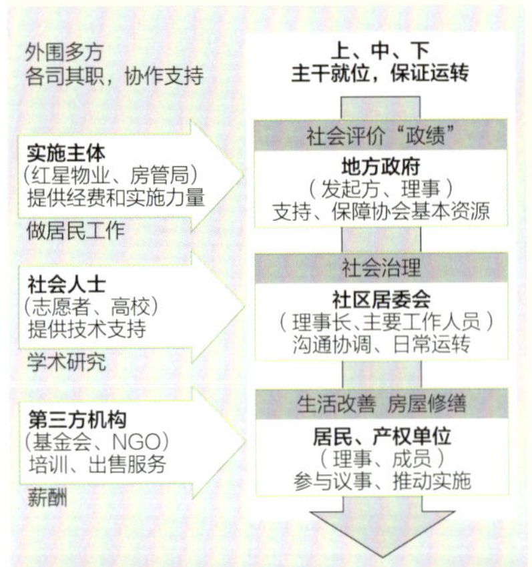

部分社区规划师

胡同茶馆会议

普通小区：聚焦焦点问题，“社区参与”冲击传统改造模式

目前，大部分成功的社区参与仍然在资源好、话题性强的小区展开，而数量庞大的普通小区往往无力组织起有效的资源来推动社区更新，也得不到媒体和专家学者的关注。普通小区需要怎样的参与形式和平台？答案可能是聚焦焦点问题，找到政府、企业、居民多方共赢的利益均衡点和结合点。

曹家巷“自主改造”模式探索

成都金牛区占地约 198 亩，建筑面积约 19.4 万 m^2，曾是繁华一时的“工人村”，但目前大部分房屋已鉴定为 D 级危房。2002 年以来，当地政府就该片区改造问题多次进行专题研究，但都因公房关系复杂、居民诉求不一、整合单位较多等原因无法启动改造。

2012 年 3 月，在市、区两级政府的指导下，曹家巷成立居民自治改造委员会（以下简称“自改委”）。据自改委主任何希模介绍，自改委的成员都在曹家巷生活了几十年，大家知根知底。首先经过报名、群众推选，由社区工作人员逐一入户，每户画勾，从 2885 家住户中选出 65 名楼栋代表。然后，社区又开“坝坝会”、群众代表会，无记名投票产生了 13 名自改委成员。后来将整合片区内 8 名住户及时补充进来，共计 21 名成员。自改委在民政部门进行登记备案，并成立自改委党支部，建立明确的例会制度和协作工作机制。自改委定期听取政府平台公司及相关政府职能部门的工作进展，表达群众意愿，在入户宣传摸底、住户甄别公示、民主监督、动员宣传等多个环节发挥重要作用，化解传统征收矛盾，同时全程参与项目规划设计方案及搬迁方案的制订及优化。

群众自主改造，并不意味着政府完全回避，实际上，“群众主体”与“政府主导”两条线贯穿改造过程。具体而言，“政府主导”主要体现在强化合力攻坚制、强化跟踪服务制度、严格奖惩兑付制度等三方面。

2012 年 12 月 18 日，4000 多居民参加的曹家巷一、二街坊危旧房棚户区自主改造附条件协议搬迁动员大会成功举行，十年来拆不动的曹家巷进入拆迁改造的实质性阶段。待大部分返迁居民顺利入住后，街道、社区将在充分尊重居民意愿的基础上，继续对返迁安置小区实施自治管理，共同营造一个美好的新家园。

组建协商平台
协议初稿
协议方案
协议制定期
协商平台：居民自治改造委员会
100 天签约期
100% 签约率
签约期
修改协议满足条件
协议方案
协议完善期

曹家巷居民自治改造委员会成立

资料来源：
曹家巷自治改造之路 [EB/OL]. 人民网. http://leaders.people.com.cn/GB/356819/368969/.

“费改税”制度完善，使社区参与名副其实

国内住区居民所获得的公共服务，大多是以间接税支持的，而西方社区的公共服务主要是由直接税支持的。因此，部分学者认为在间接税和以费代税制度下，公众基本上都不是直接利益相关人，带来空间闲置、房价高企和规划中的不参与、假参与等现象。近年来，由于居民私有物业大量增加，城市的利益相关人开始出现。局部地区的规划变更，对周边居民财产价值的影响越来越大，真正的公众参与开始迅速进入城市规划决策议程。未来，还有待进一步探索房屋及土地闲置税、支持服务改善支出的直接税等制度，有效避免住区发展中的公共资源浪费，使规划更精准地切入问题症结。

参考文献：
[1] 王彬武 . 老旧小区有机更新的政策法规研究 [J]. 中国房地产 , 2016 (9): 57-66.
[2] 复旦大学住房政策研究中心 . 中国住房事业六十年：回顾与反思 [EB/OL].http://www.chps.fudan.edu.cn/.
[3] 赵燕菁 . 公众参与 : 概念 · 悖论 · 出路 [J]. 北京规划建设 , 2015(5):152-155.
[4] 胡纹 , 周颖 , 刘玮 . 曹家巷自治改造协商机制的新制度经济学解析 [J]. 城市规划 , 2017 (11): 46-51.

走向多元平衡的历史街区复兴

□ 整理 庞慧冉

作为历史文化传承的重要空间载体，历史街区是城市更新需要慎重对待的对象，自 1982 年建立起历史文化名城保护制度以来，我国历史文化保护已经走过了 40 多年的风风雨雨，保护下了一批宝贵的空间载体。进入中国特色社会主义新时代，增强文化自信上升为与道路自信、理论自信、制度自信同等重要的战略高度，具有深刻的全球战略意义和国家现代化治理需要。展望新时代历史文化复兴道路，新老矛盾交织，突出地表现在三对主要矛盾：一是永恒的遗产保护传承和当下不平衡的人群需求之间的矛盾；二是历史修复和现代化功能发展之间的矛盾；三是依赖政府投入的理想化保护和现实可持续性之间的矛盾。应紧密围绕文化认同、文化价值再创作、可持续造血复兴三方面，着力推动文化保护工作的观念转变、体制机制完善、路径方法创新。

前历史街区时代

1986 年以前，以更新改造为主

清末颁布《保存古迹推广办法》，开始近现代意义的历史文化遗产保护。经历中华人民共和国成立初期的起起伏伏，1982 年 2 月 8 日，国务院公布了我国第一批国家历史文化名城，标志着我国历史文化名城保护制度的创立。1986 年之前，我国历史街区的保护仍依附于名城保护体系。

实践代表：

北京琉璃厂文化街、菊儿胡同，南京夫子庙街区等

北京菊儿胡同

第一阶段

1986—1994 年

保重点保肌理的改造更新

1986 年，《国务院批转建设部、文化部关于请公布第二批国家历史文化名城名单的报告的通知》，提出对一些文物古迹比较集中或能较完整地体现某一历史时期的传统风貌和民族地方特色的街区、建筑群、小镇、村寨等，各级人民政府可以根据它们的价值，核定为各级“历史文化保护区”，同时指出可参照文物保护单位的做法，着重保护整体风貌、特色。

1994 年 9 月 5 日，建设部、国家文物局发布了《历史文化名城保护规划编制要求》。提出要划定“历史文化保护区”的位置、界线和保护控制范围，对重点保护的地区应深化。1994 年《国务院批转建设部、国家文物局关于审批第三批国家历史文化名城和加强保护管理请示的通知》，要求历史文化名城的重点区域还要进行控制性详细规划。

规划实践代表：

韩城、金华、瑞金、拉萨八廓街规划

拉萨八廓街

系列保护要求：

坚守底线、推陈出新、和合大同，推动中华文明创造性转化、创新性发展

坚定文化自信，推动社会主义文化繁荣兴盛。没有高度的文化自信，没有文化的繁荣兴盛，就没有中华民族伟大复兴。加强文物保护利用和文化遗产保护传承。推进国际传播能力建设，讲好中国故事，展现真实、立体、全面的中国，提高国家文化软实力。

习近平总书记在中国共产党第十九次全国代表大会上的讲话（2017 年 10 月 18 日）

要加强对中华优秀传统文化的挖掘和阐发，使中华民族最基本的文化基因与当代文化相适应、与现代社会相协调，把跨越时空、超越国界、富有永恒魅力、具有当代价值的文化精神弘扬起来。让中华文明同各国人民创造的多彩文明一道，为人类提供正确精神指引。

习近平总书记在哲学社会科学工作座谈会上的讲话（2016 年 5 月 17 日）

深入挖掘和阐发中华优秀传统文化讲仁爱、重民本、守诚信、崇正义、尚和合、求大同的时代价值，使中华优秀传统文化成为涵养社会主义核心价值观的重要源泉。要处理好继承和创造性发展的关系，重点做好创造性转化和创新性发展。

习近平总书记在中共中央政治局第十三次集体学习时的讲话（2014 年 2 月 24 日）

回首望：改革开放四十年风雨如磐保护路

1982年国务院公布第一批国家历史文化名城，我国历史文化名城保护制度由此建立。截至目前，我国已有134座国家历史文化名城、252个中国历史文化名镇、176座省级历史文化名城、469个省级历史文化名镇、664片历史文化街区，保护法规和机制不断完善，保护路径和方法不断丰富，保护综合效益开始显现，已经成为传承优秀中华文化最综合、最完整、最系统的载体。

第二阶段 1995—2005年 保护改善更新结合，改善基础设施

1997年国家设立名城专项资金，2002年《中华人民共和国文物保护法》中明确提出“历史文化街区”的概念，取代“历史文化保护区”。2005年《历史文化名城保护规划规范》明确了历史文化街区的界定标准和保护规划内容。“九五”期间（1997—2000年），国家补助资金12000万元，用于68个历史文化街区的基础设施改善和传统建筑维修。“十五”期间（2001—2005年），国家补助资金7500万元，用于38个历史文化街区的基础设施改善和环境整治。由此历史文化街区保护规划重点转向对传统建筑维修改善，基础设施改善。

规划实践代表：

正定、阆中、都江堰、漳州、杭州、北京、保定、洛阳、景德镇、拉萨、丽江

丽江古城

第三阶段 2006年至今 突出保护的真实性、完整性、生活延续性

2008年国家出台《名城名镇名村保护条例》，2013年出台《保护规划编制审批办法和要求》，2014年实施《历史文化名城名镇村街区保护规划编制审批办法》，一系列密集的政策法规和技术规定出台，完善了历史文化保护的法律法规体系，推动了历史文化保护从物质性保护走向经济、社会、文化综合性可持续发展。

规划实践代表：

沈阳、烟台、嘉兴、湖州、太原、大同、齐齐哈尔、伊宁、喀什、绩溪、榆林、钟祥、拉萨

嘉兴月河历史文化街区

宏观背景：新时代文化遗产保护的使命

国家层面：国家治理体系和治理能力现代化，必须立足于中华优秀传统文化

推进国家治理体系和治理能力现代化，要大力培育和弘扬社会主义核心价值体系和核心价值观，加快构建充分反映中国特色、民族特性、时代特征的价值体系。坚守我们的价值体系，坚守我们的核心价值观，必须发挥文化的作用。

习近平总书记在省部级主要领导干部学习贯彻十八届三中全会精神全面深化改革专题研讨班开班式上的讲话（2014年2月17日）

全球层面：优秀传统文化是中华民族的精神命脉，是新时代民族复兴最深厚的文化软实力

宣传阐释中国特色，要讲清楚每个国家和民族的历史传统、文化积淀、基本国情不同，其发展道路必然有着自己的特色；讲清楚中国特色社会主义植根于中华文化沃土、反映中国人民意愿、适应中国和时代发展进步要求。

习近平总书记在全国宣传思想工作会议上的讲话（2013年8月19日）

尚和合同心：
从文化认知走向文化认同

什么是好的历史街区

历史文化保护面临着永恒遗产保护传承任务和当下不平衡的人群需求之间的矛盾。历史文化保护工作，尤其是历史文化街区的保护整治，涉及地方政府和相关部门、专家、住户、游客等不同角色的人群。不同立场的人，对于历史文化保护的价值观、诉求和主张差异甚大。

也许地方政府希望改善历史文化街区的面貌，发挥旅游服务功能，进而产生文化和经济效益；也许历史学家希望保留原来的样子，以便唤醒历史记忆；也许文物专家希望把建筑遗存修复到最完整的状态，以体现曾经辉煌的面貌；也许原来的住户希望保存建筑原貌，有些则希望改造建筑，加装上下水、煤气等基础设施，以满足基本生活需要，有些甚至希望直接拆除旧房建新房；也许有的人则希望保持历史文化街区原汁原味的历史风貌，以便体验原住民的生活方式和民风民俗。那么，到底如何实现大家都觉得好的历史街区保护呢?

成功没有可复制性，需“一城一策”：

保护如同扶贫，需要精准。不可简单归类，而要“一城一策”，明确保护什么、为什么保护。因为各个名城名镇的历史文化各不相同，保护不同的历史文化名城只有可参考性，没有可复制性。名城名镇的保护要因地制宜、合理利用。

——全国政协委员、中国外文局今日中国杂志社副总编辑王茂虎

实行分类保护对策：

根据不同地区、不同类型、不同规模、不同现状的历史文化名城名镇所导致的文化遗产形态、内涵及保护利用工作存在着差别化的现实，建议主管部门对历史文化名城名镇实行分类保护对策，制定更加精准化的保护利用措施，以不断提高保护质量和利用效果。

——全国政协委员、南京大学文化与自然遗产研究所所长贺云翱

绵绵用力，久久为功

历史街区的更新改造文化认同目标的背后，是居民、专家、地方政府相关部门、参与企业等众多主体的复杂配合过程，众多需求谨慎妥协的磨合，必然需要一定的时间。德国为了避免老城快速更新改造带来的一系列问题，在 20 世纪末制定了谨慎城市更新政策。

1984 年，德国对旧城区提出“谨慎的城市更新”并形成 12 条原则，提出更新改造应当逐步开展，建筑改造必须逐步平缓进行，精细谨慎完成，要求划定为法定更新区的城市区域更新期为 15 年，需分阶段实施；规划者、居民、地方工商业者和个体商业必须在改造目标、方法和技术三方面达成一致，社会问题的结合和基础设施的改善应逐步进行。

在该理念指导下，1993 年柏林市政府启动调查研究，确定柏林斯潘道历史住区为法定更新地区；以法定更新区特殊规划为引领，多方合作同步编制法定建设规划，更新期结束时将住户需求融入建设规划文本作为法律文件，作为后期管理法律依据。经过 15 年的更新改造后，2008 年更新改造验收合格后市政府取消法定更新区政策，解散更新机构和居民机构。

定制服务，按需施策

文化的认同具有地域性，历史文化遗产所在地区地理区位、文化传统、经济发展水平存在差异，往往一个地区历史文化街区成功的例子到另外一个地区却很难得到很好的效果。

因此，保护的策略措施应尽量因地制宜，深入调研，提出针对性的配套方案。正如江苏省住房和城乡建设厅副厅长张鑑曾提出，从事历史文化保护工作，需要进行深入的实地调研，提出有针对性的、配套的解决方案，小心处理各方的意见和要求。在共同的保护认知前提下，综合各方的价值需求，实现各方的认同。

华中科技大学建筑与城市规划设计研究院针对浙江省宁波市鄞州区姜山镇走马塘村，在深度调研、访谈和分析的基础上，识别出该村落以血缘为核心纽带的村落空间变迁的规律和特征，探索出以家族为基本单元的“族房”基本单元保护规划策略。

图片来源：甬 77 个村镇获评省文明村镇 [EB/OL].2018-1-19，https://baike.baidu.com/item/%E8%B5%B0%E9%A9%AC%E5%A1%98/2462676?fr=Aladdin.

政府引导，多方参与，推动社会网络再造

政府引导多方参与，能够最大限度推动多方达成共识，发挥历史文化遗产的综合价值。同济大学周俭教授曾指出：在保持历史建筑产权关系不变的基础上，政府、专家、社会、历史建筑的业主共同参与对历史建筑的保护和再利用，可以成为一种最大限度发挥历史建筑文化价值、社会价值和使用价值的路径。这种路径带来的正向结果显而易见，历史建筑的使用功能依然延续，历史建筑的物质真实性和社会活态性得以保持，历史建筑所蕴含的传统智慧被更真实地展现，其承载的大众集体记忆被更生动地传承。并应从机制创新的层面激发参与积极性，要突破现行通过房屋征收和土地批租进行城市建设的模式，让历史建筑的业主和使用人作为合伙人参与到政府、市场对历史建筑的修缮、改善、再利用中，从中持续受益，进而从机制上激发民众参与保护历史建筑的潜在动力。

在各地的不断探索中，不乏较有成效的实践，如北京杨梅竹斜街探索出多方参与微循环改造推动有机更新的实践，以及广东的历史文化民间保护组织。

广东是我国民间保育组织参与历史文化遗产保护最活跃的地区，据不完全统计目前已有历史文化保育组织 34 个，并且已形成了一个网络雏形。目前已形成“精英搭建的准官方平台”“资本支持的社区营造”“民间自发的本土文化保育”三种不同的公众参与模式。

模式一：精英搭建的准官方平台（广州历史乡村保护和发展协会）——从“圈内人聚起来”到“多方合作可能性”不断发展壮大。协会成立于 2013 年 3 月，是在广州注册的非营利民间组织，旨在为会员间建立多种形式的信息交流和活动。参与者有媒体工作者、投资管理者、建筑师、旅游服务商、文化工作者、政府官员等。

模式二：资本支持的社区营造（开平仓东计划团队）——“建筑遗产的功能活化”到推动“社区参与历史文化保育”。2010 年，五邑大学建筑系谭金花老师应仓东村后裔谢天佑先生邀请，修缮村中两座祠堂，带领学生到仓东村调研。并于 2011 年组建了“仓东计划”团队，在仓东村实施开平碉楼保育与发展项目。到了 2013 年，香港炼金石国际文化交流公司负责人邓华先生加入团队，为基础设施建设提供资金来源，同时以社会企业的理念负责教育基地的营运。

模式三：民间自发的本土文化保育（汕头山水社）——从“提高民众历史文化保护意识”到影响“政府历史文化保护决策”。汕头山水社是一个本土籍大学生于 2009 年发起的民间历史建筑关注小组，通过在老市区探访、记录、发布汕头文物保护信息，唤起本地市民对文物保护的关注。经过 6 年发展，核心固定成员 12 人，调研流动成员约 100 人，公众号关注者超过 4500 人。

北京杨梅竹斜街全长 496m，是北京大栅栏历史文化街区众多街巷中的一条。

特点一：杨梅竹斜街采取以政府为引导、多方主体参与的旧城更新策略。引导这一更新计划的是北京大栅栏投资有限责任公司，与北京高校合作，建筑师、设计师、艺术家选择与当地居民一起参与。

特点二：居民自愿腾退，点状空间逐步更新改造。采用小规模渐进式的更新方式，以自愿腾退方式进行点状空间疏解，目前 1700 户居民迁出了 529 户，留下 1171 户居民散落在各式大杂院中，尽量进行修缮保留，如“内盒院”项目用预制模块装进老四合院，保留建筑结构完整性，“微杂院”项目通过植入微型艺术馆和图书馆实现四合院有机更新等。

特点三：精细化业态培育，生活氛围和历史文化兼顾。为避免项目开发的同质化和过度商业化，杨梅竹斜街对产业的选择非常谨慎，引进的商家都是要经过仔细挑选的，进驻前必须提交相对完善的运营方案，必须符合地区的空间和文化特质。目前新业态包括文艺青年和艺术家形成的“独立文化圈”、特色活动形成的“创意活动圈”、为周边居民服务形成的“社区服务圈”等。

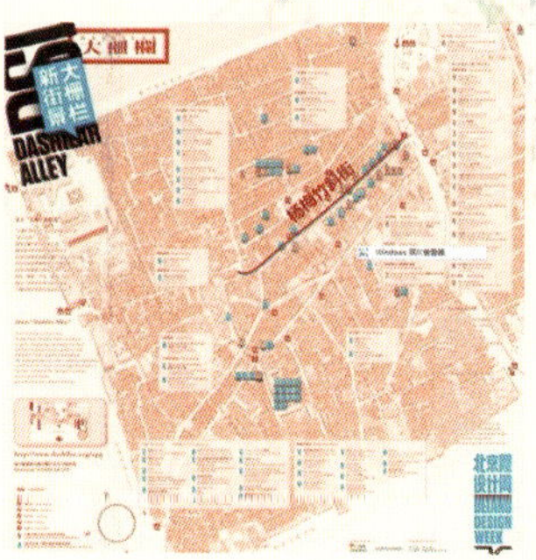

图片来源：北京最时髦的一条街——胡同里的“杨梅竹”[EB/OL].2015-11-19，https://www.douban.com/note/525406550/.

资料来源：蔡天抒：广东民间保育组织参与历史文化遗产保护的典型模式 [Z]. 规划中国，2016-9-29.

求推陈出新：
从物质修复走向文化价值再创作

历史文化物质空间如何进行再创造

保护的目的是实现历史的延续和文明的传承，在新与旧的冲突中创新传承，是保护的价值所在，也是难点和挑战所在。如何拯救濒临失传的传统建筑营造技艺？应当以什么时候的状态作为原真性修复的标准？“修旧如旧、以存其新”的程度如何把握？如何在生态文明建设要求和森林资源匮乏的条件下，找到原材料消耗巨大的木结构建筑可持续修复方案？量大面广、质量不高的小尺度传统建筑如何再利用？

能不能使用新材料新形式

创造性融入：西班牙塞维利亚老区中心的现代建筑都市阳伞

“都市阳伞”位于塞维利亚老城区中心修道院广场，是最具吸引力的文化景点之一。创新使用了蜂巢结构，以6座混凝土基座彼此相互环扣形成巨型体量，再通过木造式1.5m×1.5m的格状构造组成蜂巢结构。在材料创新上，使用了美观坚固的多层胶合木质板材（Kerto），每胶层仅有3mm，具有更好的剪力，表面涂有的双组分聚氨酯层，起到防火、防水、防风和防晒等作用。

都市阳伞蜂巢结构　**都市阳伞鸟瞰**

图片来源：
都市阳伞 [EB/OL].https://travel.qunar.com/p-pl5724981.

修复到哪个时代——“修旧如旧”的辩证思考

回到不同文化体认知的时代：柬埔寨吴哥窟古迹世界文化遗产国际援助

中国方案——修旧如旧，恢复原貌

采取“遗址保护、抢危加固、重点修复”的修复方式，借鉴了法国修复女王宫时的“原物重建法”，将原建筑物拆开，逐一归位，用新材料替代遗失石块。经中国专家清理、拼对，女王宫已归位并基本恢复了原貌。

印度方案——保持建筑与自然交融共生

适度修复，保持树木与寺庙交融共生状态，因地制宜移开重叠石块，有选择地砍伐树木，尝试石块归位，用钢筋水泥加固动摇结构，彰显建筑和自然相互依赖的景观，这种修复保护方式，使塔普伦寺拥有独一无二的特色。

法国方案——维持原生态，避免更大破坏

采取适度维护的修缮方式，并没对崩密列进行深度修缮，采取必要措施避免建筑遭受更快速、更严重的侵蚀破坏，如砍断对建筑有巨大威胁的大树的根茎，增加必要的辅助支撑结构。尽最大可能保留了该寺遭受破坏的状态，形成了苍凉凄楚和残垣断壁中隐藏精美雕刻的残破美感，成为电影《古墓丽影》《虎兄虎弟》等电影的取景地。

回到其最辉煌的时代：和平饭店修复

同济大学副校长伍江谈上海和平饭店修复时提出，建议修复到和平饭店历史上最辉煌的时期，至于原真性修复还是风格性修复，在全世界学术界都是一个有争议的事情，尽管如此，还是要采取原真性的方式修复，尽可能采用原来的技术工艺和材料。

法国方案：崩密列

中国方案：女王宫

印度方案：塔普伦寺

图片来源：
金木子沙草．吴哥遗迹的保护和修复理念[EB/OL].2016-3-13.http://blog.sina.com.cn/s/blog_8d850e070102wyee.html.

能不能重建

历史文化遗存的重建问题，一度成为讨论的特点，至今，仍有对于是否能够重建，以及重建的对象、条件等问题的争议，从世界文化遗产委员会对于原真性内涵的定义来看，历史文化遗产的意义价值更重于物质价值，因此，对于重建问题不应绝对以物质空间是否再现的角度来评判，还应当放到更深刻的历史意义中进行探讨。

重建的华沙老城列入世界文化遗产名录，第二次世界大战摧毁了华沙城近 85% 的建筑，于 1945—1966 年间重建复原，依据战前建设图纸，按 14—18 世纪样貌，尽可能使用原材料、旧时技术，体现了华沙老城复国不屈精神，1980 年被评为世界文化遗产，成为波兰民族的象征性空间。

早期，世界文化遗产委员对于“原真性”的标准主要在于物质方面，包括形式与设计，材料与质地，位置与环境等。1979 年，ICOMOS 大会报告起草人帕伦特（Michael Parent）提交了《关于世界文化遗产提名和标准的比较研究》，专门探讨关于华沙老城申遗问题。他指出，“原真性”应是相对的，内含价值最重要。如不以艺术而以历史的标准来评判，华沙“复活”带有杰出的历史性。1980 年，ICOMOS 将华沙重建称之为一个全球杰出的文化重建的象征，大会认为它的“原真性”是与 1945—1966 年这段独特历史的呈现相关联的。

华沙老城申遗成功，改变了人们对文化遗产“原真性”的理解，开启了文物保护界长达数十年的讨论。1994 年 ICOMOS 在日本奈良通过《奈良真实性文件》，对“原真性”理解逐渐从“物质的”拓展到“意义的”和无形的遗产。

同时，为避免大量重建项目蜂拥而至申报世遗，委员会对相关的条例做了细化和限制，如：重建只能在有完整详细的原始资料支持下进行，不能有推测的成分；需同时满足世界文化遗产的其他条件等，让没有物质评判标准的 " 原真性 " 定义不至于走得太远。在华沙之后，只有波黑的莫斯塔尔古桥（毁于 1993 年的波斯尼亚战争期间，后重建）以类似的情况列入世界文化遗产名录。

第二次世界大战中的华沙城　　**如今的华沙老城**

图片来源：

废墟上的重生：二战后的城市 [EB/OL].2015-9-16，http://www.sohu.com/a/37556101_250226.

华沙老城：重建的“古城”，何以破格入选世界文化遗产？ [EB/OL].2011-6-6. https://baijiahao.baidu.com/s?id=1602522650842654480&wfr=spider&for=pc.

不要重建：

历史文化名城损毁了、破坏了，已经没有了，就没有了，有多少就多少，这就是历史的真实。如果重建一定是从精神上重建，而不是单纯从景观上重建，假古董没有任何价值。

——国务院参事、国家非物质文化遗产保护工作专家委员会主任冯骥才

不可一概而论：

就要不要重建而言，也未必可一概而论。拆破“旧”建新“旧”肯定要不得，但不可否认，目前通过重建进而激活城镇活力并带来多重效益者不乏先例，既应有尊重历史、保护传统的意识，又要有立足当代、科学统筹的自觉。

——全国政协委员、中国作家协会副主席阎晶明

如何再利用

针对量大面广、质量不高的小尺度传统建筑，同济大学教授周俭指出，如果全部作为文化商业景点不可行，历史建筑更多地应承担着日常的使用功能，可持续地对它予以再利用是实现价值的最佳途径。但如果全部作为文化、商业、参观景点来使用，虽然能够实现公众的“可进入”，但其实不可行，特别是居住类历史建筑，如北京胡同、上海里弄、苏州传统民居等，需要寻找新的解决方案。

就如何创新利用其功能，全国政协委员、江苏省住房和城乡建设厅厅长周岚提出，政府可从负面清单管理的角度，鼓励各地积极探索历史遗存活化利用的多元路径，建议按照历史资源原真性保护和历史信息可识别的原则，针对不同资源的特点分别制定负面清单，同时鼓励负面清单之外的活化利用、活力复兴和特色彰显的多元实践。

探政策革新：
从输血保养走向可持续造血复兴

如何实现可持续的历史文化保护

历史文化保护面临着政府投入依赖的理想化保护方案和现实可行性之间的矛盾。资金需求巨大，经济收益相对缓慢是当前历史文化保护工作普遍面临的困境。国家和省级财政补助能提供一定的引导资金，但无法做到全面覆盖，且引导资金额度往往还不到实际资金需求的 5%，地方政府财政压力巨大，如镇江自 1998 年进行西津渡历史文化街区分期保护整治，至 2014 年共投入 27 亿元。此外，安徽寿县，云南会泽、巍山，四川阆中，湖南凤凰县，山西代县共六县（市），属于国家级贫困县，同时承担国家历史文化名城的保护重任，陷入经济发展困境、历史文化保护困难的“双困”之境。历史文化如何平衡经济发展和有效保护之间的关系呢？

积极创新的可持续内容运营

历史文化街区的复兴需要在街区基本特征和发展条件的基础上，发挥创造性思维，将文化遗产的复兴转化为可持续的经济发展效益，从而进一步推动街区可持续的更新改造和复兴。全国政协委员、北京画院副院长吴洪亮表示，对于历史文化遗产复兴，应将“A-B”模式思维转化为“A-B-C”模式，如今很多历史文化名城名镇一般想让其自身具有良好的造血功能，直接从投入到产出，即所谓“A-B”是很难的。因此，好的方法是引导可持续的、新的增长点，就是“创造性转化与创造性提高”的问题，即所谓“A-B-C”模式。因地制宜生发出独一无二的创意、管理运营模式与国际化的高视点。这样才能找到历史与当下与未来的结合点，让“诗意的栖居”不是梦想，使“远方的惊喜”不会落空。

英国文化遗产彩票基金投资 43900 英镑给德文郡郡治埃克塞特历史文化传统研究工作

图片来源：

史倩 . 英文化遗产彩票基金注资保护弘扬古城 [EB/OL].2012-10-8，http://sports.qq.com/a/20121008/000381.htm.

加大政府资金整合力度，增加资金筹措渠道

要用好政府的有效资金。全国政协委员、江苏省住房和城乡建设厅厅长周岚曾提出建议设立名城保护专项基金，重点支持历史城区的老房子修缮和基础设施更新，各级政府财政共同投入，并引导撬动更多社会资本参与保护更新。财政部党组成员、副部长刘伟提出从整合政府相关条件资金的角度，拓展文化遗产保护资金，目前，中央财政对历史文化名城名镇和传统村落的保护主要有以下几个支持渠道：一是国家文物保护专项资金，支持实施全国重点文物保护单位维修保护项目；二是非物质文化遗产保护专项资金，主要支持国家级非物质文化遗产代表性项目及传承人开展相关活动；三是传统村落保护专项资金，支持纳入名录的传统村落保护。此外，在提升城镇发展能力、改善人居环境方面，也有很大投入，如海绵城市、城市地下综合管廊建设等。建议加大资金整合力度，会同相关部门统筹文物文化、旅游发展、城镇建设、环境保护等方面的资金，对历史文化名城名镇保护工作给予支持，形成工作合力。

要创新发挥金融性工具作用。发挥基金、企业债券的作用，建立多元化的资金筹措渠道。如英国文化遗产彩票基金（简称 HLF），是目前英国最大的历史文化遗产投资基金组织，长期致力于维护历史文化的公益性基金组织，每年投资新项目金额约为 3.75 亿英镑，自 1994 年以来共投资 49.7 亿英镑在英国历史遗产，投资项目涵盖博物馆、濒危历史遗迹、自然环境和历史文化传统等。世界闻名的大英博物馆就一直接受来自该基金的投资进行维护才能一直免费为大众开放。

研究如何建立多元化资金渠道支持文化名城名镇建设。我们要研究除了政府预算内投资外，怎么发挥企业债券、专项基金等的作用，支持名城名镇保护。

——国家发展和改革委员会党组成员、副主任连维良

1998 年我在驻英国使馆工作时，加入一个名为国家基金的文化遗产管理机构，每年花几十英镑成为会员，可以参观该基金管理的众多文化遗产。该机构管理英国 575 处历史文化古建筑、古城堡、国家公园、自然保护区等各类文化遗产，自营收入占总预算近 80%。英国还有一个英格兰文化遗产基金，以相类似模式保护管理另外 400 多处历史文化遗产。这两个机构运营 120 多年，成功保护和管理了近千处英国最有历史文化价值的文化遗产，首创了社会力量保护历史文化遗产的成功模式。

——全国政协委员、文化文史和学习委员会副主任丁伟

制定差别化的考核体系

确立名城“保护优先”的发展导向和评价体系：

大多数中国历史文化名城至今仍是区域发展中心，因此名城保护的首要问题就是城市发展导向问题。建议将“保护优先”作为新时代国家对历史文化名城高质量发展的统一要求，纳入领导干部考核和地方政府工作评价体系。

——全国政协委员、江苏省住房和城乡建设厅厅长周岚

建立地方政府的主体责任制：

建立地方政府对辖区内的历史文化名城名镇保护的主体责任制，地方政府主要领导和有关主管部门的领导为主要责任人。要像对待生态环境、耕地等自然资源的保护那样，建立历史文化名城名镇保护责任制，将他们的保护工作纳入政绩考核体系。

——全国政协委员、中国社会科学院世界历史研究所研究员俞金尧

制定有针对性的政策机制：

国家历史文化名城名镇与一般的城市城镇相比，承载着独特的中华文化保护、传承、发展的公共责任和战略任务，建议对这类城市城镇在考核要求、考核指标、考核机制、资金支持、产业引导等方面制定有针对性的配套政策，切实解决保护工作中面临的各种难题，并适时推广一些典型经验和案例。

——全国政协委员、南京大学文化与自然遗产研究所所长贺云翱

马勒别墅外景

马勒别墅酒店内景

图片来源：
上海马勒别墅饭店 [EB/OL].2014-5-7，http://pp.163.com/chunjiangshuinua/pp/12501112.html.

智慧灵活的产权困境破解之道

历史街区的更新，事关民生改善、基础设施改造升级、产业提升等方面，资金需求量巨大，但由于缺乏合理的回报机制，社会资金投入不足，融资渠道较为单一。

如“大栅栏更新计划”中，杨梅竹斜街留住历史、致力创新的保护修缮探索创新出历史文化街区城市软性生长的有机更新新模式，但是在实施中，居民拆迁腾退后，众多直管公房的房屋产权无法划到公司名下，无法实现流转，腾退的房屋只能是账面资产。大栅栏琉璃厂建设指挥部负责人表示，由于直管公房体制机制的障碍，当年杨梅竹斜街项目没有社会资本愿意接入，最终只能由区属国有企业广安控股接受，截至 2017 年，杨梅竹斜街项目改造投入已近 13 亿元;此外，缺少了国有企业的介入，安徽会馆等一批重量级文物保护单位也面临重重问题，安徽会馆是北京最大的会馆，素有“京城第一会馆”的美誉，是北京会馆中唯一一处全国重点文物，也是京剧发祥地的唯一文物见证，系清朝同治年间李鸿章兄弟为扩充军事势力而建，占地 9000 多 m^2。安徽会馆重新修缮的总投资需要 100 多亿元，目前尚有缺口 25 亿元，由于资金量巨大，缺乏合理的回报机制，至今依然没有企业愿意参与。

针对产权困境，建议探索创新历史街区内，自愿腾退产权流转、私房产权置换、公房平移、优先回购、“两权分离”（特许经营权）、股权合作经营、业态引导扶持等多元改造模式。针对直管公房，加快明确历史街区直管公房划转、房屋征收程序，确定直管公房划转至实施主体名下设计房屋转移登记的程序，打通公房房屋土地权属变更渠道，提高保护项目实施主体的积极性。

“两权分离”有效保护：上海马勒别墅

1989 年，马勒别墅被列为上海市第一批优秀近代建筑、市级文物保护单位。2001 年，上海衡山集团取得了马勒别墅的使用权（特许经营权），出资 2700 万元对该建筑进行了保护性修缮，并开发成为一座拥有欧式客房的精品酒店。保护性修缮保护了历史建筑，实现了历史建筑的商业价值。

消极空间的积极改造

□ 整理 姚梓阳

01 什么是消极空间？

“消极空间”由日本建筑师芦原义信在《外部空间设计》中提出，与“积极空间”相对应。也有学者称之为“失落空间”“剩余空间”“灰空间”等。名称虽不同，所指代的空间内容则大多重叠，往往是令人不愉快的、没有被充分利用的空间。消极空间可分为闲置空间（如空置地、边角地）和附属空间（如建筑附属空间、交通附属空间、市政附属空间）等类型。它们往往碎片化分布在城市的各个角落，大多面临缺少人气和活力、环境冷清衰落、功能用途不明、空间使用率低等问题。

消极空间	积极空间
用途不明	用途明确
使用率低	使用率高
无秩序	有秩序
给人不悦感	给人愉悦感
人气不足	人气旺盛

02 为什么要关注消极空间？

消极空间属于公共空间的一部分，本应是居民享受城市空间和进行社交活动的重要场所，可现实中却鲜有人至。另一方面，公共空间体系的缺失使市民的休闲活动和社交需求缺少足够的空间载体，环境好的公共空间往往是离家远的大广场、大绿地，抑或是离家近的商业化空间。没有被充分利用的消极空间具有创造新价值的多种可能性，也是完善公共空间体系的“潜力股”。在存量发展时期，改造消极空间，修补城市中的细节缺失，有助于丰富城市生活体验，提升城市空间的宜居性。

03 要关注哪些消极空间？

消极空间的定义源于人的主观感受，对其开展积极化改造，空间类型选择、更新过程及方法也应从人的视角出发。建议在综合考虑社会效益、生态效益和空间效益的基础之上，重点关注与人们生活关联密切、大家参与改造热情高、改造能较快见成效的空间。基于国内外已有的成功实践，本文在此主要研究地形限制下的边角空间、屋顶空间和高架桥下空间三类空间。经过功能重塑和空间改良等方式的积极改造，这些消极空间会成为跨阶层融合、充满活力和创造力、服务人的真实需求的、“让人绽放出笑容的”积极空间。

屋顶空间

建筑的第五立面——屋顶的总面积巨大，而这些屋顶空间的现状利用率却很低。如若善加改造，屋顶空间可成为屋顶花园、屋顶农场、屋顶游乐场等多元空间，提升社会、生态、经济等多方面的复合价值。

边角空间

地形限制下形成的边角空间（边角地、夹心地、插花地等零星土地），在过去往往沦为无人问津的死角。在多方参与的合力改造下，这些边角空间拥有无限可能：体育公园、可食地景、亲子科普基地等。

高架下空间

高架桥下的大量闲置空间是城市的“阴影”，但也可以是富有活力的空间，缝合被割裂的城市，包容更多的生长可能性，适应人们的多样需求：绿地、菜场、广场舞、灯光艺术、自行车公园、步行绿道、滑板公园……

边角空间的活力融入

“城市社会源于邂逅，它必须排除隔离，必须为个人和集体的聚会提供时间和场所，这些走到一起的人具有不同的职业和不同的生存模式。”——亨利·列斐伏尔《现代世界中的日常生活》

在城市更新新时期，边角空间的小尺度和平民化，有利于助推日常社会活动的发生，对于邻里交往、社区网络建构具有积极的作用。我们希望可以通过改造，使原本边缘化的空间，在空间上融入周边空间、在功能上融入市民的日常生活。

怎么改：多方参与，合力建设

边角空间数量庞大、类型多样，完全依靠政府来激活显然不现实，多方参与势在必行。政府可以通过制定参与制度，激发大众的能动性和积极性，引导大众参与。相关部门应明确职责，密切配合，形成部门联动。艺术家、建筑师、景观设计师及规划师等创意人群，可以作为领衔人士，通过创意的力量改造边角空间，并带动利益主体人的参与，主动地改善自己的生活环境，并且自觉维护。充分调动市场力量，引导企业赞助。此外，政府还要在更新全过程中进行监督和管理，保障公平正义的实施效果。

利用边角空间改造社区体育公园是指通过改造城市边角地、插花地、街头陈旧绿地及其他未利用地建成的，以绿化为本底、以体育锻炼和休闲健身为主要功能、兼有社区公园一般功能、且具有一定环境品质，并向居民免费开放的公益性公共空间。珠海市在我国率先探索了社区体育公园规划建设工作，截至 2017 年底，珠海市 172 个社区已经建成社区体育公园 191 处，基本实现社区体育公园全覆盖。在“不征地、不动迁，不改变用地性质”的原则下，充分利用各种闲置地块，实现了“土地利用效率提升”和“居民生活环境改善”的双赢，得到了珠海市民的一致好评和积极参与。

珠海社区体育公园的建设采用“政府主导、部门协作，自下而上、符合需求”的规划建设机制。珠海市政府将其作为“共建美丽珠海，共享美好生活”的重要抓手，列入“为民办实事”项目。体育、国土、规划、住建、园林、文化、财政等有关部门明确职责，密切配合。同时，强调“自下而上”的公众参与：从方便居民的活动角度出发，尊重居民意愿，广泛听取当地居民的意见，将政府的支持与群众自觉自愿相结合。

珠海市社区体育公园的部门协同

社区体育公园改造前后对比

竹苑社区

改造前 ——▶ 改造前

新竹社区

改造前 ——▶ 改造前

资料来源：广东省住房和城乡建设厅，广东省体育局．广东省社区体育公园规划建设指引 [Z].2014.

珠海市社区体育公园相关部门及职责分工

部门	分工
规划、国土部门	重点对项目用地性质、功能、产权单位等信息详细核查，对项目用地和规划设计严格把关
区文体旅游局	重点做好近期和远期的社区体育公园规划布点工作
区建管中心	主要负责工程设计、预算编制、施工招标及建设监管等工作
区财政局	负责统筹调配建设资金，确保资金及时到位
区委办（区府办）	督查督办室负责监督检查，定期通报项目进展情况
各镇街	牵头做好项目用地清理和协调工作
市文体旅游局、市政园林局、林业局	在文体设施、市政设施等方面提供支持，保障项目顺利进行

改什么：因地制宜，多样化改造

边角空间的地理区位、空间特征、周边居民需求等各不相同，相应的激发活力方式也有所差异。可食地景、社区苗圃、科普实践、运动休闲、市政交通（如停放共享单车）等，都是可能的改造方向。在改造的过程中，应考虑到不同人群、不同时期功能需求的差异性，设计师可以尝试提供弹性的空间设计框架以应对需求的变化与竞争，让空间因为其承载的活动不同而具有不同的含义，赋予使用者资源和手段去改变空间安排，而不是以恶性竞争和抢夺的方式，为有限空间赋予无限可能。此外，因地制宜的改造应以人为本，避免成为吸引游客和人群参观的面子工程。

畸零地一般指面积狭小或地界曲折的地块，我国台湾地区自 1973 年制定《台湾省畸零地使用规则》以来，各地围绕畸零地的再利用进行了因地制宜的探索实践。有改造为可食地景的：新北市忠孝里在里长和居民、志愿者的共同努力下，种植莴苣、地瓜叶、玉米等蔬菜，成为居民的开心农场。有改造为社区苗圃的：台北师大夜市著名的玉米伯准备烤玉米的一片拐角畸零地，被改造为人人共享的社区苗圃“玉米伯的转角”。有改造为儿童实践基地的：基隆市建德幼儿园旁畸零地曾是遭人乱丢垃圾的脏乱死角，在幼儿园师生共同努力下，成为植物绿世界。有改造为亲子科普教育基地的：台北“龙泉秘境”将一处闲置的荒地改造为亲子环境教育基地，大安社区大学的师生在此帮助大家体验水随着容器流动的游戏。有改造为水利泄洪空间的：高雄市中山高速公路将周围的畸零地改造为水绿空间——微型泄洪池，有效改善了曾经每逢大雨必积水的现象。有改造为共享单车停放点的：新北市的地铁七张站和忠诚站附近的畸零地，被改造为 YouBike（台湾本地的共享单车）的停放站点。在泰国曼谷空堤县，贫民窟大楼之间满是垃圾的废弃畸零地，被打造成独一无二的矩形足球场，让孩子们尽情奔跑。

边角空间的多样化改造

可食地景

新北市忠孝里畸零地改造

社区苗圃

台北“玉米伯的转角”畸零地改造

儿童实践

基隆市建德幼儿园旁畸零地改造

亲子科普教育

台北“龙泉秘境”畸零地改造

水利泄洪

高雄市公路周围畸零地改造为微型泄洪池

市政交通

新北市共享单车停放站点

足球场

泰国曼谷空堤县：将贫民窟的畸零地改造为足球场

改之后：持续监管，长效使用

在边角空间的改造完成后，后续运营需要政府、社会团体和公众的共同努力。政府可以建立空间数据库，并开发相关手机 APP，实现实时跟踪、供需速配，让民众了解身边已被成功改造的边角空间。同时，可以邀请第三方非营利组织或者学界进行监督，并设置众包监督，众包活动策划，乃至于发起“市民认领”等活动来增强市民的参与度，提升认同感。在使用过程中，公众也可能逐步培育出自主维持秩序的乡约民规，提升市民的自治能力。

在纽约，通过“激励性区划”建设而成的私有公共空间（POPS）根据规定，必须保证 24 小时免费向公众开放。在过去，也曾出现过品质较低、公众被非法排除在外的“消极管理”的情况。所幸，非营利组织和社会团体积极参与和监督 POPS 的后续运营，有效解决了法定程序上政府监管难的问题，避免了 POPS 项目成为开发商“骗取”容积率的工具。口袋公园倡议组织（APOPS）和纽约城市艺术协会（MASNYC）近年来发起了复兴 POPS 的活动，建立了 POPS 在线数据库，开放给公众查询。完善的数据库收录了每个 POPS 的简介、地址、设计方案、开放时间、配套设施等。同时，他们还采用众包的方式，鼓励市民去监督 POPS，发现未曾被录入的 POPS，为 POPS 写一段介绍，提出一些意见，为 POPS 评分，上传一张 POPS 的照片或视频，甚至鼓励公众提出重新设计 POPS 的方案，或是提出在POPS中的活动提案。在这些组织和热心市民的参与下，现在大多数的 POPS 已经成为城市里面最温馨舒适并且使用率最高的一角，成为纽约市最不起眼却又最惊喜与最令人陶醉的公共空间。它让纽约钢筋水泥般的都市生活融入了自然，融入了阳光，融入了未可知会遇见的人。

公共空间数据库

纽约市政府于 1999 年建成了“纽约市私有公共空间数据库”，香港屋宇署也于 2008 年完成了“在私人发展项目内提供公众设施数据库”。这些数据库的基本内容如下：

数据库	主体建筑的基本信息	名称、地址、用途、建成时间、占地面积、楼层数、总楼面面积、开发商名称、法人及联系方式、设计单位名称、施工单位名称、具体设计图纸等
	公共空间的基本信息	公共空间的位置、大小，设计单位名称，具体设计图纸等
	法律法规依据	具体的区划法规条款、审批日期、建设许可证附件、具体设计图纸等
	容积率奖励核算及其他奖励	基本容积率、符合奖励条件的公共空间类型、面积、奖励容积率、奖励的楼面面积、奖励的总楼面面积、其他奖励措施等
	公共空间开放性的要求	具体开放时间、允许的活动等
	具体服务设施的要求	座椅、植物、景观小品、标识牌、售货亭等
	相关人员的法律责任与社会义务	在公共空间运营与维护过程中私人开发商的责任与义务的具体条文、是否有公共财政支持以及具体额度、相关责任人的签字等

纽约口袋公园分布图

图片来源：https://apops.mas.org/

http://www.bigapplesecrets.com/2014/05/pops-whats-it.html

https://www.pps.org/places/paley-park

纽约口袋公园

资料来源：

[1] 张庭伟，于洋．经济全球化时代下城市公共空间的开发与管理 [J]. 城市规划学刊，2010(5):1-14.

[2] 规划前沿观察．纽约市“弹性规划”理念下的私有公共空间（POPS）建设 [EB/OL].2017-06-23[2018-07-05] https://mp.weixin.qq.com/s/GXglpS9n1N6wTX0jLaj2A.

屋顶空间的创意再利用

建筑的第五立面——屋顶的总面积巨大，而这些屋顶空间的现状利用率却很低。如若善加改造，屋顶空间可以拥有多方面的复合价值：促进交往、提升生活品质的社会价值，节约能源、增加绿化面积的生态价值，节约土地、促进综合开发的经济价值。在用地紧张的城市中心区，屋顶空间作为休闲和交往空间的潜力亟待释放。

发达国家屋顶空间的再利用形式早期大多以屋顶绿化为主，随着时代的变迁，结合不同屋顶空间的区位、建筑的用途和人群特征，再利用方式也越发多元化。例如购物中心的屋顶空间可改造为休闲、娱乐场所，也可以改造为亲子娱乐场所；医疗建筑屋顶空间可选择康复相关的项目，考虑医院不同类型患者的需求；教学建筑屋顶空间的改造则要充分考虑到使用人群多为学生，为提高空间利用率，可将一些体育运动场地挪到屋顶空间中，为学生创造更多的体育锻炼场所。在屋顶绿化方面，也出现了和都市农业、亲子科普相结合，改造为屋顶农场的新态势。

屋顶空间创意再利用的实践，一方面需要政府的重视和支持，制定相关激励政策。德国超过 10% 的屋顶面积均被利用，是世界屋顶空间利用率最高的国家，在这一数字的背后，是德国对于屋顶空间利用一系列的支持措施，包括启动资助项目，减轻资产税，对改造费用进行补偿等。另一方面，也需要综合考虑实用性和安全性，尤其应考虑到老人和儿童。在屋顶的承重条件、防水条件均符合相关要求的基础之上，综合考虑供水、排水的顺畅和建筑材料的耐热性、耐水性、抗腐蚀性。此外，对于改造后的屋顶空间的管理维护也要纳入考虑范围。

纽约市布鲁克林农场

纽约市布鲁克林农场位于一栋建于 1919 年的仓库上。农场采用有机模式，种植多种蔬果、饲养蛋鸡、养殖蜜蜂。白天，学员们在此收获蔬菜，或者接待来访者；晚上，这里可能有浪漫的晚宴、婚礼或者是电影放映会。

芝加哥市加里·科默青年中心屋顶花园

芝加哥市加里·科默青年中心屋顶花园既是风景如画的休憩场所，也是青少年学习园艺技能的课外学习场所。绿色屋顶不仅降低了建筑的气候调节开支，还为放学后的社区青少年提供了一处安全而热情的室内活动场所。

哥本哈根市 Park ‘n’ Play 停车楼

哥本哈根市 Park ‘n’ Play 停车楼在楼顶建有 24 小时开放的游乐场。这里拥有面向各个年龄阶层的运动游乐设施：秋千、球笼、攀爬架等。人们还可以选择单杠、露天瑜伽房、小型足球场和攀岩等项目。

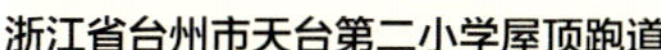

浙江省台州市天台第二小学屋顶跑道

以垂直化的功能分布来应对用地条件的制约

浙江省台州市天台第二小学原有的老校园在城市中心区域，占地面积较小，没有运动场。新校园仍在市中心，用地也十分紧张：学校有 36 个班级，按照浙江省标准，理想的用地面积是 46.5 亩以上，但实际用地只有 10.8 亩。在这样紧张的用地条件下，如果按照常规做法将操场建在教学楼一旁，200m 环形跑道将占去 41% 的用地，校园会变得非常拥挤，教学楼之间会更局促，影响教室采光，层数也会过多。但学生又需要一个操场能够奔跑和运动，满足爱玩的天性。

于是天台第二小学将 200m 标准跑道置于教学楼顶，学生可以尽情奔跑尽情欢乐。这个看似浪漫的奇想背后有着严谨的理性逻辑。将跑道设置在屋顶给学校增加了超过 3000m^2 的活动空间。同时，椭圆形的教学楼给学生们带来了一种内向性的安全感。此外，将跑道放置在屋顶的处理使得建筑层数能按照要求控制在 4 层，跟周边建筑关系更为和谐，也让前后体量之间有着更好的采光和通风条件。

对于将跑道置于屋顶，也必须充分考虑学生的安全问题。楼顶操场跑道的防护栏一共有 3 层，最外层是 1.8m 高的强化玻璃防护墙，中间层为 50cm 宽的绿化隔离带，第三道防护是 1.2m 高的不锈钢防护栏，确保学生安全。对于噪声问题，在塑胶跑道下每隔 50cm 安装一个弹簧减震器，即通过双层缓冲结构的方式再进行一次减震，楼顶的整个跑道就像是一个悬浮跑道，以解决可能的共振问题。

图片来源：https://www.archdaily.cn/cn/794301/tian-tai-di-er-xiao-xue-lycs-architecture?ad_medium=gallery
http://sports.163.com/photoview/28F90005/119690.html?from=tj_xgtj#p=A53C0MOF28F90005&from=tj_wide

台州市天台第二小学屋顶跑道

资料来源：

詹远 . 城市更新中的“屋顶跑道”浙江台州天台第二小学[J]. 时代建筑 ,2015(1):100-105.

高架下空间的人性化改造

相对于理性规划下“正式”开发的城市空间，高架桥下大量闲置的空间往往是被忽略、被遗忘的“非正式”空间。我们希望能够通过积极改造，缝合被割裂的灰色城市空间，重塑场所精神。将高架下蜿蜒的线形空间开拓为富有活力的空间，打破空间必须是由开阔的场地或是华丽的场馆定义的桎梏，提供不同背景与职业的人群进行碰撞和想象的可能。将城市的脉络连接起来，这里既有车水马龙的繁忙，也可以满足任何好奇心和想象力，使其从城市的“阴影”变为一个可以让人绽放出笑容来的地方。当然，这一切要以确保安全为前提。

注入活力，多种可能

城市首先是一个生活的空间，要适应人们的多样需求。在人行道、停车、仓储等常见用途之外，高架桥下的空间可以看作城市实验室，包容更多的生长可能性的缓冲空间：可能是绿地、菜场、广场舞、灯光艺术、自行车公园、步行绿道、滑板公园、停车场………这些注入的功能有利于激发空间活力。但需要注意的是，高架下消极空间如何利用，则应视其所处的位置而定，并不是所有空间都可以填充丰富的功能。应根据不同地段谨慎筛选填充的功能。只有适宜的功能，才能成功地将这些消极空间转化为积极空间，否则可能适得其反，创造出更加消极的空间，带来投资的浪费和新的城市负担，造成新的城市问题。

高架下空间的无限可能

高架下绿道

休斯顿的色宾慢行道

高架下绿道

上海静安区中环立交绿地

高架下公园

老成都民俗公园

高架下皮划艇场

荷兰 A8 高速公路高架下

高架下滑板公园

波特兰的伯恩赛德滑板运动公园

高架下秋千

台北市民大道高架下

宁波市高架下空间改造

宁波市绕城高速联勤村段高架桥下空间，曾经环境脏乱，宁波市镇海区骆驼街道使用“以用代管”模式，总投资 1500 万元，对桥下空间实施改造，新增 4 个标准门球场、2 个 5 人制足球场、2 个标准篮球场等，还有 2 片公共健身设施。除了布局体育设施，还布局了公共绿化、公共停车场、环卫车辆停放、周末集市等功能，曾经的“脏乱差”变成了如今的“净美齐”。

高架下方乒乓球台

高架下方公共建设设施

高架下方篮球场

东京市中目黑高架下空间改造

东京市中目黑高架下，利用长期封锁的东急东横线和日比谷线下全长约 700m 的狭窄空地，新设 30 间商铺，汇集了日本最美书店、咖啡厅、餐厅、服饰等多元化人气元素，极大限度地颠覆了人们对一般高架下空间的想象。随着众多人气商铺的入驻，带来了访客数的增加，高架下城市交通公共空间品质得到了极大限度的改善和提高。该项目获得了 2017 年日本设计界最高荣誉 Good Design 奖。

以 "Roof Sharing"（同一个屋檐下）为设计理念，该项目将铁道高架桥定义为一个大屋顶，各种各样的特色店铺共享 " 同一个屋顶下 " 的空间，在这里人们开心共享 " 时间、空间、想法 "，创造出新型商店模式，成为 " 中目黑 " 新特色文化的发源地。各店铺以多样的立面和内部空间设计展现特色个性，而连续性的屋顶使 700 多 m 的高架下商业街形成了一个整体，并和周围的城市空间充分保持协调。将压抑单调的高架下空间变为动感活力的新型商业街。

此外，" 中目黑高架下 " 商业连接并加强了中目黑车站和现有商业街和住宅区的联系，极大限度丰富了赏樱胜地目黑川至佑天寺方向的步行空间，增加了周边城市公共空间商业街及绿道的回游性。

资料来源：
一览众山小——可持续城市与交通 . 场所大师 | 史上最牛桥底空间项目：详解东京中目黑高架下 [EB/OL].2018-04-03[2018-07-05]. https://mp.weixin.qq.com/s/FRkbz56xAz03HoXkoBefUg.

图片来源：
http://www.nakamogurokoukachita.jp/

安全：保障安全，安心享受

安全是改造的首要前提。可以通过营造并改善光环境，提升心理安全感，减少犯罪可能;也可以通过配备消防设备等方式，加强人身安全保障，消除安全隐患。由于无法改变业已存在的高架道路结构本身对日光的遮挡，对高架桥下消极空间光环境的营造往往是采取人工照明的方法。荷兰 A8 高速公路高架下的区域巧妙地将柱身处理成发光体，彻底改变了这个消极的元素；玻璃围合的超市内部散发出的温暖明亮的灯光也同众多柱子一起，照亮了这个原本昏暗压抑的区域。人工照明是高架消极空间内提高舒适性，提升安全感的有效手段。此外，使用明亮的色彩和反射率较高的表面材质，也可以有效补偿光照度的缺乏。消极的空间很可能因此而转化为具有吸引力的活力场所。东京中目黑高架下在设计中充分考虑了桥梁的安全性。法律上对高架桥下建筑的门窗防火设备（防止火势蔓延的防火设备）有非常严格的规定。另外，在高架下饮食店的厨房需要设置一种餐饮灭火消防设备，具备自动喷洒灭火剂的应急机制。此外，还必须设置有火灾发生瞬间自动通知物业公司的消防报警系统。

荷兰 A8 高速公路高架下的灯柱

图片来源：https://www.architonic.com/en/project/nl-architects-a8erna/5100103

资料来源：
[1] 匡晓明 . 后现代城市主义视角下的城市剩余空间更新探讨 [J]. 城市中国 ,2017(10):4-5.
[2] 石洋 . 建筑屋顶交往空间设计研究 [D]. 郑州：河南工业大学 ,2017.
[3] 陈忱 . 城市高架交通负空间再利用研究 [D]. 北京：清华大学 ,2009.

推进“城市双修” 让城市更美好
——三亚“城市双修”实践与思考

□ 孙安军 中国城市规划学会理事长、住建部规划司原司长

缘起：“城市双修”开展的历程和重要意义

“城市双修”从何来

2015 年 12 月，中央城市工作会议，习近平总书记讲话要求“大力推进城市生态修复，逐步恢复城市自然生态”，“要加强城市设计，提倡城市修补”。李克强总理在会议总结时再次提出“通过实施城市修补，促使城市魅力重现、焕发活力”，“大力推进城市生态修复，逐步恢复城市自然生态”。

2016 年 2 月，中央城市工作会议配套文件《中共中央国务院关于进一步加强城市规划建设管理工作的若干意见》印发，提出“有序实施城市修补和有机更新，解决老城区环境品质下降、空间秩序混乱、历史文化遗产损毁等”，“恢复城市自然生态，制定并实施生态修复工作方案”。

2017 年 3 月，住建部发布《住房城乡建设部关于加强生态修复城市修补工作的指导意见》，并确定了第二批开展生态修复城市修补（以下简称“城市双修”）的 19 个试点城市名单，标志着“城市双修”工作在全国展开。

住建部指导意见中关于“城市双修”的内容要求

修复城市生态，改善生态功能	加快山体修复	加强对城市山体自然风貌的保护，禁止劈山修路、劈山造城；因地制宜采取科学的工程措施对原有受损山体进行修复
	开展水体治理和修复	全面落实海绵城市建设理念，系统开展江河、湖泊、湿地等水体生态修复。加强对城市水系自然形态的保护；整治城市黑臭水体，全面实施控源截污，科学开展水体清淤，恢复和保持河湖水系的自然连通和流动性；因地制宜改造渠化河道，恢复自然岸线、滩涂和滨水植被群落，增强水体自净能力
	修复利用废弃地	要对矿坑、工业企业搬迁后的场地等进行生态修复，综合运用多种适宜技术，改良土壤，消除安全隐患，重建自然生态。对经评估达到相关标准要求的此类用地进行重新利用
	完善绿地系统	构建完整连贯的绿地系统。优化绿地布局，均衡布局公园绿地。拓展绿色空间，拆迁建绿、扩地建绿、见缝插绿。提高存量绿地的品质和功能。推行生态绿化方式
修补城市功能，提升环境品质	填补基础设施欠账	一方面是城市基础设施，包括水电气热、公共厕所、应急避难场所等的建设。另一方面是公共服务设施，统筹规划建设商业网点、医疗、教育、科教、文化、体育、养老、物流等城市公共服务设施
	增加公共空间	通过完善公共空间体系、控制城市改造开发强度和建筑密度、加强对山边水边路边的环境整治，增加城市的公共空间
	改善出行条件	提高道路通达性，推行“窄马路、密路网”的理念，打通断头路，形成完整的路网；鼓励居民步行和使用自行车；改善各种交通方式的换乘，方便城市居民乘坐公共交通出行；鼓励结合老旧城区更新改造、建筑新建和改扩建，规划建设地下、立体停车场，增加停车位供给。加快充电设施建设，促进电动汽车的使用推广
	改造老旧小区	重点开展对 1980 年代以前的大批老旧小区的综合改造，包括节能和抗震加固、加装电梯、小区综合整治、小区海绵化改造、配套设施建设等
	保护历史文化	加强历史文化名城名镇保护，加强城市历史文化挖掘整理，延续历史文脉；鼓励小规模、渐进式更新改造老旧城区，保护城市传统格局和肌理；加强对历史建筑的保护
	塑造城市时代风貌	加强总体城市设计，确定城市总体的风貌特色；加强重点节点的城市设计；加强新建改扩建建筑的设计管理

“城市双修”为何做

“城市双修”是城镇化转型的必然选择

改革开放以来，我国城市经历了一个快速扩张的发展时期，先后经历了改造、开发、整治、更新等阶段。总体来看，城市发展模式比较粗放，一些地方“大拆大建”，城市规划建设面临诸多突出问题，如城市生态环境遭受破坏、配套设施建设滞后、城市公共空间缺失、城市交通拥堵、风貌特色丧失等。

当前，我国已进入速度趋缓期、城市分化期、质量提升期、矛盾凸显期、城市文化的重塑期和生态文明建设的奠基期。如何实现多元化、包容性的发展，创造内生的创新动力，面对气候变化风险与资源危机下的可持续城市建设，塑造本土文化价值，以及营造面向公众的福利公共空间等，成为目前人类最关注的问题。

同时，中央城市工作会议对城市发展的转变提出了“四大转变”的新要求：一是由扩张型向内涵提升型的转变，二是由重视物质和实体空间规划建设向城市文化和精神塑造转变，三是由经济发展为主转向重视生态环境和居民生活质量的提升，四是由粗放式和集权式城市管理向精细化、科学化决策转变。

各国历年城镇化率

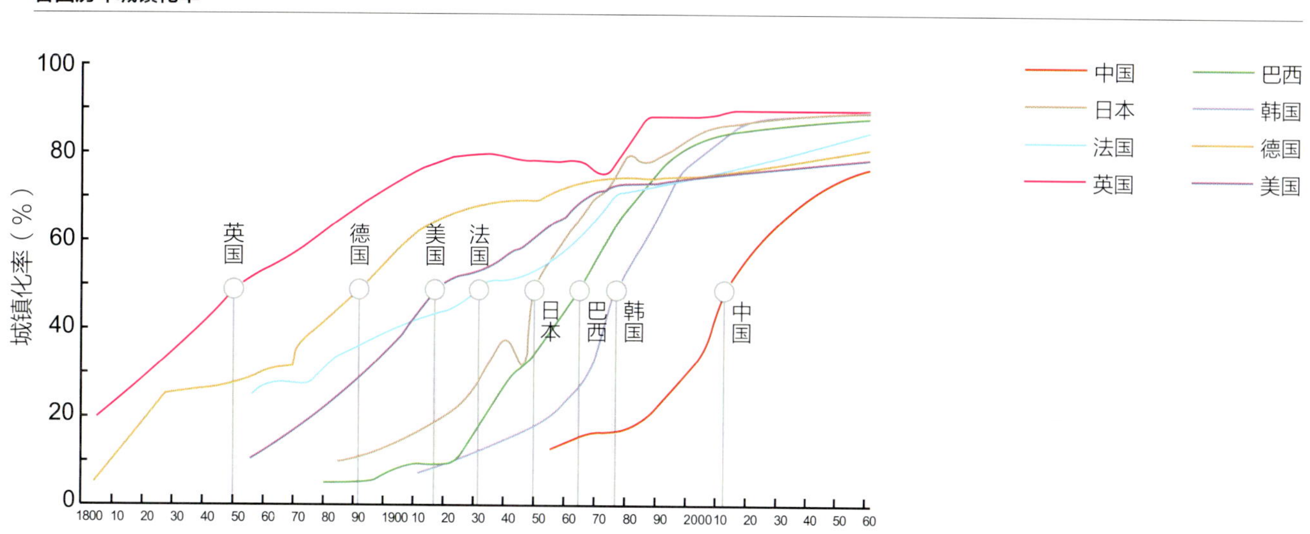

注：其中日本的城市化率根据国际惯例进行了调整，日本自己独特的统计数据比其少约20个百分点，会导致比较研究中产生极大的误解和偏差。

“城市双修”的多重意义

中国的城市发展方式亟待转型，走绿色发展、内涵式发展之路是历史的必然选择。在城市发展方式转变的路上，城市更新将是一个重要的标志，“城市双修”是治理城市病的重要方式，是供给侧改革补短板的客观需要，也是城市转变发展方式的重要标志，“城市双修”实际上就是城市更新的一种具体方式。

生态修复、城市修补是治理“城市病”、改善人居环境的重要行动，是推动供给侧结构性改革、补足城市短板的客观需要，是城市转变发展方式的重要标志。开展“城市双修”是新时期我国城市发展的重要标志，是落实中央城市工作会议精神的重要举措，具有政治、经济、社会、文化和生态建设等多重意义。

在政治方面，“城市双修”是实现“两个百年”奋斗目标、建设美丽中国的需要；在经济方面，是转变发展模式，稳增长、扩内需、补短板；在社会方面，是为了落实以人民为核心的发展思想，让人民有获得感和幸福感；在文化方面，传承城市历史文化，提升风貌特色；在生态方面，修复生态环境，促进可持续发展。

实践：全国“城市双修”试点的三亚行动

三亚开展“城市双修”的背景

伴随着城市的快速扩张，生态受损、风貌失序、功能缺位等三亚“城市病”也逐渐滋生。三亚市充分认识到城市发展面临的突出问题，将“城市双修”作为综合解决城市问题的重要行动。2015 年 6 月，住建部将三亚设立为城市修补、生态修复试点城市。2016 年 12 月 10 日，国家住房和城乡建设部组织的全国“双修”工作现场会在三亚市召开，要求全国各地学习三亚经验，全面开展“城市双修”工作。

三亚“城市双修”思路为总体把握、系统梳理、突出重点，开展了生态修复三大任务和城市修补六大战役。

完成生态修复三大任务

修复前

2016 年 11 月效果

山体林地是三亚生态体系的根脉，伴随着城市的快速扩张，山体林地生态系统受到了一定程度的破坏，截至 2014 年底，全市共有废弃矿坑 55 个，受损山体面积达 105 万 m^2。重点修复了三亚河上游的 8 处受损山体，复绿面积 23.7 万 m^2，使破损的山体得到修复和绿化。以三亚抱坡岭山体修复为例，第一步采取裸岩破除形成退台，第二步依据山体修复坡度分类修复，第三步以“双修双城”思路进一步提升认识，丰富内涵，塑造场所，打造示范。

三亚河是连接山、海、河生态体系的纽带，在生态修复三大任务当中，三亚河生态修复的任务最急迫，难度也最大，双修针对河道淤塞、两河沿线岸线优化、水环境退化分别开展修复。同时，通过建设东岸湿地公园、红树林生态公园、金鸡岭生态公园、丰兴隆生态公园，打通东岸湿地和三亚河的连接，加快恢复三亚河的生态体系。

东岸湿地公园

红树林生态公园

三亚针对海岸及海水存在的主要问题，对海水水质进行了综合治理，对岸线植被、岸滩沙滩以及海底珊瑚礁进行了修复。三亚湾累计补沙 22.3 万 m^3，修复了 2.6km 海岸线，完成了 15km 的沙生植被保护和生态恢复工程，沙滩泥化和岸线侵蚀现象得到遏制。同时，结合对绿地系统规划的实施情况，对现状绿地状况进行分析、分类。因地制宜、分门别类采取修补措施。编制了《三亚市绿道系统专项规划》，建设 14.5km 的月川生态绿道。

月川生态绿道

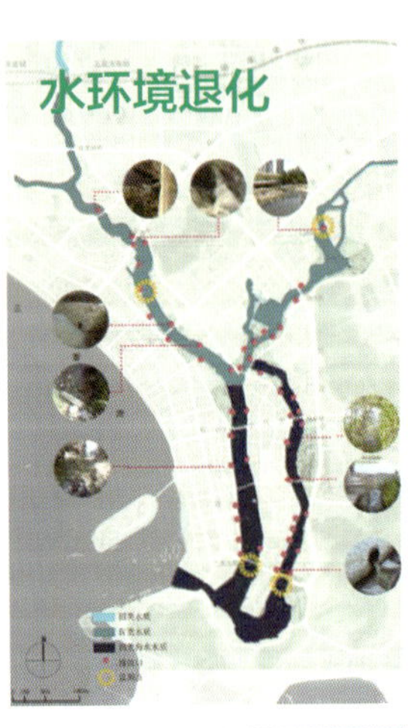

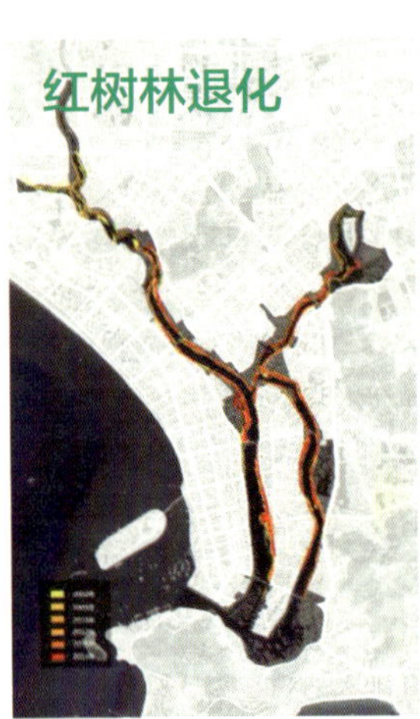

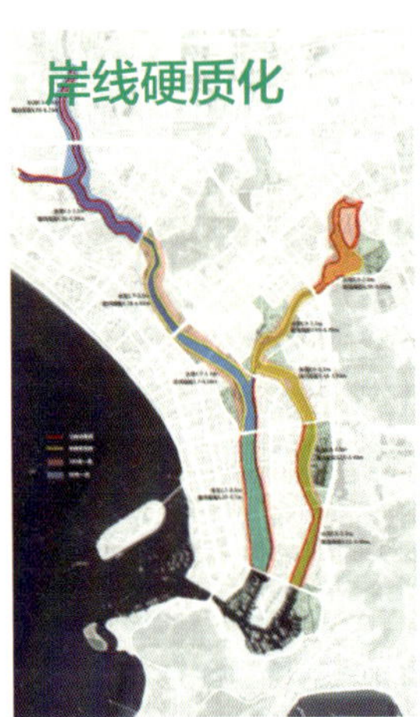

三亚湾生态修复

打好城市修补六大战役

一是违法建筑拆除。打击违建作为城市修补六大战役的关键来破题开篇。从凤凰豪生酒店到建筑面积 11.4 万 m^2 的金阳光小区，全市共拆除违法建筑 765 万 m^2。通过拆违，腾出土地约 5300 亩，有力地支持了绿化扩容、城市更新、产业发展。

二是广告牌匾整治。制定《三亚市构筑物管理办法》《三亚市户外广告设置技术标准》，对户外广告的位置、尺寸、材质、色彩、风格、灯光等提出了具体的控制引导要求，明确不再审批商业性质的高立柱广告，将城市户外广告设置划分为集中展示区、一般设置区、严格控制区，按照区域特点对各个区域户外广告设置提出具体的控制引导要求。

三是城市绿化提升。完善“山海相连、绿廊贯穿”的整体绿地景观格局，针对现状绿地存在的问题，从生态性、开放性、系统性的角度提出分类修复策略，同时结合近期建设要求，重点打造两河上游地区的绿地建设。

四是亮化改造。编制了《三亚市城市夜景照明专项规划》，明确重点区域照明结构、空间序列和照明主体等，确定景观照明点、线、面结构的重要性分类与亮度、光色分级。夜景灯光亮化工程结合热带滨海旅游城市的特点，主要以亮度适中的黄白暖色调为主，以三亚湾城市立面、三亚河两侧及几条城市主干道为载体，打造城市夜晚“金色屋顶”。

五是色彩协调。编制了《三亚市城市风貌总体规划》，确定了三亚城市建筑总体以“清新淡雅”的白色和浅暖色（米白色、米色等）为主色调，度假区适当采用木色调，提出高层建筑禁止使用深色等要求。同时制定《三亚市建筑风貌技术规范和管理规定》，对建筑的风格、形态、形体组合、色彩、材质、建筑元素等进行规范，尊重滨海、山体、绿化、水系等自然特征，体现热带城市风貌。

凤凰豪生酒店拆违现场

解放路广告牌整治示意

解放路示范段项目

六是城市天际线管控。制定城市天际线和城市空间界面的管控细则，建立了数字化三维模型审批平台，强化城市界面形态、建筑高度等的空间管控和审批。出台《关于严格城乡规划管理的决定》，对控规和城市设计确定下来的容积率和建筑高度一律不增加，强化对建筑高度和建筑形态的管控。

三亚城市天际线管控

思考：探路双修之路的三亚范式

找准“城市双修”问题是基础

双修要坚持问题导向。强调补短板，特别是要补齐基础设施和公共服务设施的短板，修补不仅是对物质空间环境的修补，更是对城市功能的修补。通过调查评估，明确生态修复和城市修补的重点。一是生态环境的评估，对城市山体、水系、湿地、绿地等自然资源和生态空间开展摸底调查，找出生态问题突出、亟须修复的区域；第二是梳理城市基础设施、公共服务、历史文化保护，以及城市风貌方面存在的问题和不足，明确城市修补的重点。

统筹谋划是前提

“城市双修”是全面综合的系统工程，必须强调整体性思维。要系统分析，统筹谋划。要尊重自然生态环境和城市发展规律，综合分析，统筹规划，加强“城市双修”各项工作的协调衔接，增强工作的系统性、整体性。

三亚将“城市双修”与五年拆除违法建设结合，与海绵城市建设、综合管廊建设结合，将物质空间环境的修复修补，与提升公共服务结合起来。编制城市生态修复专项规划，统筹协调城市绿地系统、水系统、海绵城市等专项规划。编制城市修补专项规划，完善城市道路交通和基础设施、公共服务设施规划，明确城市环境整治、老建筑维修加固、旧厂房改造利用、历史文化遗产保护等要求。开展“城市双修”重要地区的城市设计，延续城市文脉，协调景观风貌，促进城市建筑、街道立面、天际线、色彩与环境更加协调、优美。

明确实施计划和任务清单是抓手

要制定“城市双修”实施计划，将“城市双修”工作细化为具体的工程项目。建立工程项目清单，明确项目的位置、类型、数量、规模、完成时间和阶段性目标，合理安排建设时序和资金，落实实施主体。要加强实施计划的论证和评估，增强实施计划的科学性、针对性和可操作性。

三亚市“城市双修”规划设计列表（再加工成表）

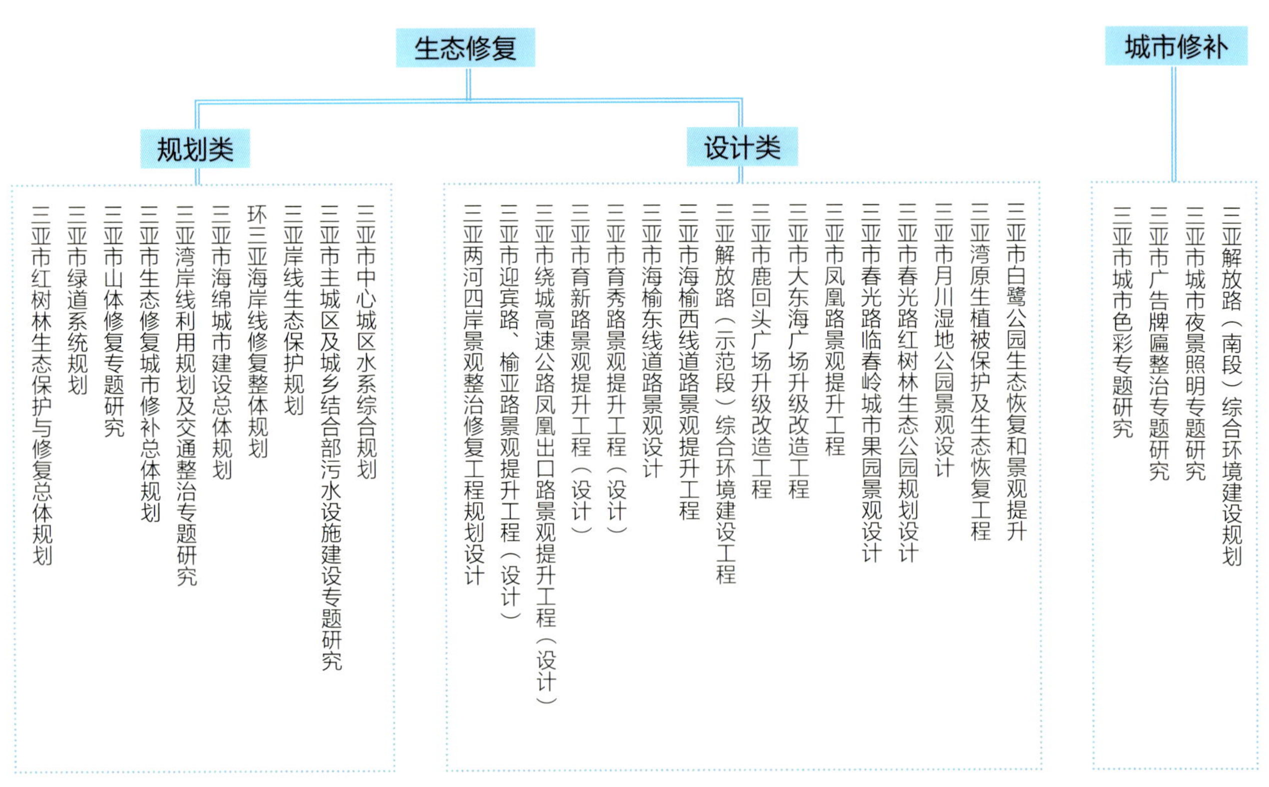

强化领导与协同是推力

成立地方政府主要领导任组长的“城市双修”工作领导小组，调动各种社会力量，共同推进“城市双修”工作。

三亚市成立由市委主要领导任组长的“城市双修”工作领导小组，发挥制度优势，调动各种社会力量，凝聚共识，共同推进“城市双修”工作。在三亚市规划局设“城市双修”工作领导小组办公室，负责协调推进各项具体工作。下设7个工作组，分别由海洋局、园林局、规划局、综合执法局等部门牵头，抓紧落实各项工作。

三亚市“城市双修”形成了“行政统筹负责、技术协同对接”的工作组织框架，在管理机制上建立了住房城乡建设部与三亚市组成的联合领导小组，负责总体统筹；成立专项工作推进组，负责抓好各专项工作的具体落实。在联动机制上形成了专家团队与三亚市各区各部门协同联合局面，负责规划设计、跟踪项目实施。在保障机制方面，解决资金支持、技术支持问题。在督查机制方面，明确了任务，层层落实，责任到人，考核评估。

健全政策、制度是保障

创新管理制度，探索形成有利于“城市双修”的管理制度。研究城市公共空间拓展的激励机制，鼓励增加公共空间。建立公共建筑拆除管理程序和评估机制，制止城市大拆大建。完善园林绿化管理制度，研究建立生态修复补偿机制，切实保护和增加绿色空间。三亚市制定了地方法规3项，政府规章2项，规范性文件14项，确保“双修”在规划、建设、管理上有法可依、有规可循。

积极筹措资金，多渠道增加对“城市双修”工程项目的投入。争取发展改革、财政等部门的支持，多渠道增加对“城市双修”工程项目的投入。推动重要的“城市双修”工程纳入国民经济和社会发展年度计划，保持每年安排一定比例的资金用于“城市双修”项目，发挥好政府资金的引导作用。鼓励采用政府和社会资本合作（PPP）模式，发动社会力量推进“城市双修”工作。

取得社会公众支持是关键

城市双修工作不仅是建设工程，更是社会和谐和社会共治工作。利用媒体，普及知识，鼓励社会公众积极参与“城市双修”工作。深入细致做好群众工作，认真听取群众诉求，着力解决群众反映强烈的突出问题，让群众在“城市双修”中有更多获得感。

三亚坚持“群众迫切需要改善什么，近期就做什么。群众最认可什么，就围绕着继续做什么”的原则，开展了“城市双修”的意见征集，市民反映的、希望通过三亚“城市双修”工作可以改善的城市建设主要问题集中在：生态环境问题（尤其是三亚河水环境）、绿地及公共活动空间缺乏、城市交通问题，此外还有居民社会关系问题、文化保护与传承问题、城市管理及城市建设管控等问题。

三亚“城市双修”社会参与

三亚“城市双修”社会参与

坚持生态优先、绿色发展
新时代资源枯竭城市生态转型发展新路

□ 李靖华 徐州市规划局局长，研究员级高级工程师

“一城煤灰半城土”是老徐州留给我们的深刻印象，历史上的徐州屡遭战乱，黄河数次夺淮毁城，石灰岩山体造林困难，生态基础极为薄弱。同时，徐州作为华东地区重要的老工业基地，在为全省乃至全国发展作出重要贡献的同时，也欠下了不少生态账、民生账。从党的十八届三中全会上，习近平同志提出“山水林田湖”是一个生命共同体到中共中央国务院印发《生态文明体制改革总体方案》，再到如今全国“城市双修”工作的全面开展，徐州一系列生态转型工作的开展，严格遵循了生态系统的整体性、系统性及其内在规律，统筹考虑自然生态各要素的平衡发展。“但愿苍生俱饱暖，不辞辛苦出山林”，徐州生态转型的成功，就是全面贯彻落实习近平总书记关于生态文明建设重要讲话精神和“绿水青山就是金山银山”理念的重大举措，也是新时代坚定不移推进高质量发展、建设“强富美高”新徐州的必然要求。

2017 年 12 月 12 日至 13 日，习近平总书记对徐州市进行了视察。在调研期间，习近平总书记指出，资源枯竭地区经济转型发展是一篇大文章，实践证明这篇文章完全可以做好，关键是要贯彻新发展理念，坚定不移走生产发展、生活富裕、生态良好的文明发展道路。我们必须紧紧围绕习近平总书记视察徐州重要指示精神，对照高质量发展要求，放宽视野、解放思想，坚定不移走生态优先、绿色发展的新路子，着力优化生态环境，做大新时代生态品牌，把生态优势转化为发展优势，站在特殊的历史节点，展望未来，徐州将更进一步解放思想，继续推动徐州的可持续发展。

徐州市概况

精准定位，彰显地域特色。徐州市位于江苏省西北部，现辖 2 市 3 县 5 区，总面积 11258km^2、总人口 1041 万。总体来讲，徐州有四个方面的突出特点：第一，徐州是汉文化的发源地，自古为华夏九州之一，有 2600 多年的建城史，享有“两汉文化看徐州”的美誉，在中国汉文化形成和发展的过程中具有非常重要的地位。第二，徐州是淮海经济区中心城市，地处苏鲁豫皖四省交界，对以徐州为中心的淮海经济区形成了有效辐射。国务院关于《徐州市城市总体规划（2007—2020 年）》（2017 年修订）的批复中，进一步明确了徐州淮海经济区中心城市的定位。第三，徐州是全国重要的综合交通枢纽，地处承接南北、连接东西的战略位置，目前已经形成了“五通汇流”的立体化交通体系，乘高铁到南京、济南、郑州、合肥仅需 1 小时，到北京、上海、杭州、武汉、西安仅需 3 个小时左右。第四，徐州是“一带一路”重要节点城市。主要经济指标增速已经连续十余年高于全国平均水平，去年实现 GDP6605.95 亿元，位列全国城市 GDP 排名第 29 位。从经济社会发展的阶段来看，徐州正处于新型工业化和新型城镇化的加速期，无论是产业发展还是城市建设，徐州都具有很强的成长性、可塑性，发展的空间和潜力巨大。

正视历史，理清建设欠账。历史上徐州屡遭战乱、黄河数次夺淮淹城、石灰岩山体草木稀疏，生态基础薄弱。自 1882 年起，徐州开启了长达 130 余年的煤炭开采历史，成为一座有名的煤城，最多时有 250 余座煤矿。煤炭资源逐渐枯竭之后，徐州与同类城市一样，面临着很大的转型压力：煤炭延伸出来的煤炭化工、钢铁等工业不仅产业结构单一，而且大多装备落后、产品低端、产能过剩；城市基础设施欠缺、功能不强，城内存有大量的工矿区，很多百姓居住在低矮、脏乱的棚户区，城市面貌比较落后；由于能源结构主要以煤炭为主，造成空气污染严重，被人形象地形容为“一城煤灰半城土”，又由于采煤采矿采石造成大面积塌陷及工矿废弃地和采石宕口，留下了大量的“生态疮疤”。

响应号召，推进城市更新。2017 年 7 月 14 日，住房和城乡建设部印发《关于将保定等 38 个城市列为第三批生态修复城市修补试点城市的通知》，公布了 38 个列入第三批“城市双修”试点的城市，徐州市顺利入选。为徐州的老工业基地转型发展和生态修复建设提供了有力的保障和契机。随着“城市双修”工作的全面开展，高起点谋划、探索徐州绿色转型发展的新路径迫在眉睫。近十余年来，徐州市认真贯彻中央城市工作会议精神，切实践行绿色发展理念，高度重视、统筹谋划、系统推进“城市双修”工作，高标准、大力度开展生态修复和城市修补，积极开展城市生态资源再造、开展水体治理和修复，保护多样性的生态系统，改善群众生活环境，成效显著，屡次得到省和国家的肯定。如今的徐州成功地完成了“一城煤灰半城土”向“一城青山半城湖”的精彩涅槃。真正改善老工业基地现有的环境差、污染重、经济弱、区域乱的现象，全面贯彻党的十八大和十八届三中、四中、五中、六中全会及中央城镇化工作会议、中央城市工作会议精神，深入贯彻习近平总书记系列重要讲话精神，牢固树立“创新、协调、绿色、开放、共享”的发展理念，将“双修”作为城市发展建设的主要任务，抓紧治理城市病，抓紧补齐城市短板，抓紧推进生态建设，着力完善城市功能，着力改善环境质量，着力塑造风貌特色，积极做到以建设美丽徐州为目标，以正确处理城市发展与生态保护为核心，以解决城市发展更新面临的突出问题为导向，努力改善环境质量、提高人民群众生活质量，推动徐州形成人与自然、城市与生态和谐发展的现代化建设新格局。

城市绿肺——云龙公园

以往徐州的城市形象

景色秀丽的云龙湖景区

以往徐州的采石宕口

图片来源：作者提供

注：除非注明，本文中所有图片均由作者提供。

协调推进生态环境高质量发展，打赢徐州生态转型的攻坚战

统筹区域协调发展，树立资源型城市转型振兴新标杆

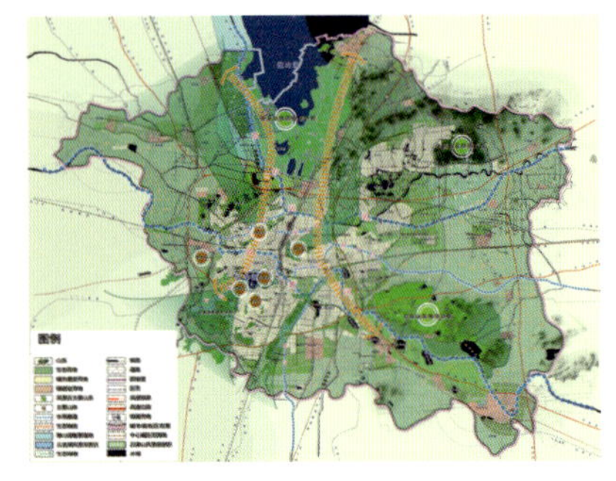
市区山水格局

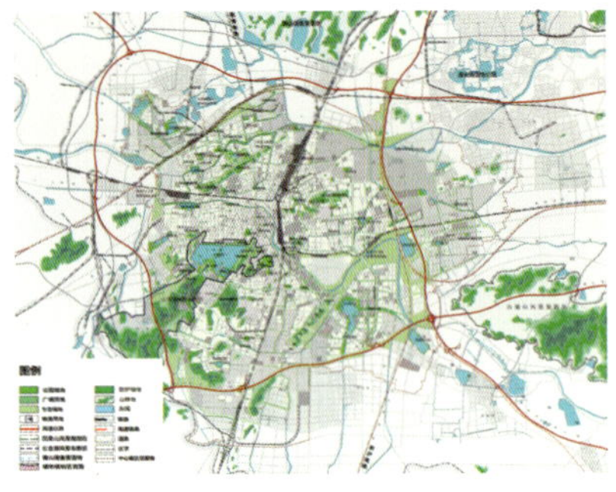
主城区绿地系统规划

坚持区域协调规划，注重系统化推进。徐州在生态修复的工作上，将生态环境作为城市的战略资源和提升城市形象与价值的宝贵财富，把生态文明理念融入城建工作，高起点规划建设“1+5+30”的城镇体系，着力构建组团式、网格化、生态型中心城市发展格局。建设跨市区域风景绿道，加强跨市风景绿道建设线型、标准等衔接，共同打造区域特色景观廊道。加强生态保护，整合区域生态旅游资源，提升区域风景旅游品质，协同开展环境污染联防联控联治，不断改善都市圈生态环境质量。

江苏省率先出台的《重要生态功能保护区规划》，划分了城市发展生态功能区、水源保护涵养生态功能区等 5 类生态功能区；立足构建“两轴、两湖、多片区、多点”组成的“2+2+10+20”生态空间结构形态，先后划定了城市蓝线、山林红线和城市绿线，编制市区绿地系统、清风廊道、海绵城市等规划，以此重塑生态格局、修复生态环境、保护山水特色、提高城市品质。在淮海经济区城市群中树立了资源型城市转型振兴的新标杆。

厚植生态资源根基，实现城乡生态环境高质量发展新格局

牢固树立总规意识，开阔生态建设视野。以新一轮城市总体规划修编为契机，秉承生态文明理念，优化空间结构，创新土地利用模式，积极拓展城乡发展空间，充分发挥环境资源的生态、经济和社会价值。并专题编制生态文明建设规划，以建设“和谐徐州、效益徐州”和区域性特大城市为战略目标，通过构建宜居宜业的生态安全体系、循环高效的经济增长体系、集约利用的资源保障体系、持续承载的环境支撑体系和环境友好的社会发展体系，促进城市发展的活力与可持续性。按照城市总体规划确定的“三区环绕、山体渗入、双心五组团”的城市生态空间结构，严守基本生态控制线，加强对渗入城市的水体和水系廊道及众多山体公园的规划控制，使城市重要的生态空间穿插渗透，强化徐州山、水、城相融的生态优势。同时通过轨道交通、综合交通、城市快速路、公共交通线场、中心区立体慢行交通等规划的编制实施，构筑起以轨道交通为骨架、多种交通方式协调发展的绿色交通发展模式。严格保护城乡开敞空间和生态环境，积极融入江淮生态大走廊建设，构建区域生态安全格局。

统筹谋划生态环境，推进采煤塌陷地治理。徐州市累计形成采煤沉陷地 38.19 万亩，占全市面积的 2.15%，其中基本稳沉沉陷面积 23.37 万亩，因沉陷形成水面 14.5 万亩。按照“宜水则水、宜田则田、宜农则农、宜林则林”的原则进行综合治理，目前，全市已累计治理 19.72 万亩，治理率为 51.6%，治理后各类塌陷地变成了耕地和涵养生态功能区。实施修复后，潘安湖被评为国家湿地公园、国家 4A 级旅游景区、国家生态旅游示范区，九里湖湿地公园获得“江苏人居环境范例奖”。在山体修复方面，结合城中村改造，对主城区云龙山等山坡及其周边棚户区、城中村整体搬迁，累计拆迁 200 万 m^2，整理土地 2800 亩，评估土地价值达 150 亿元，全部还绿于民。在采石宕口治理方面，采用生态绿化、岩壁造景、历史遗存保护等手法，对主城区 42 处采石宕口实施修复，生态恢复率达到 82.4%。其中，珠山宕口遗址公园成为全国首个宕口遗址公园，金龙湖宕口公园被誉为废弃矿山治理的典范之作。

乘借文明城市东风，持续开展水生态治理。2017 年 6 月 12 日，徐州通过验收，成为首批国家水生态文明城市。在水生态治理方面，徐州主要实施“三大工

治理前的潘安湖湿地　　治理后的潘安湖湿地

程”：（1）退渔还湖、退港还湖工程，重点对老城区小南湖、新城区大龙湖等水域进行退渔还湖、修复治理，云龙湖景区修复工程荣获“中国人居环境范例奖”，打造出国家5A级云龙湖风景名胜区，云龙湖经治理后形成山水相依的生态美景；对徐州内港实施退港还湖，建成了九龙湖、劳武港、两河口等大型公园景区。（2）黑臭水体综合治理工程，对市区建成区内46条黑臭河道，采用分区域、分水系的方案进行治理，目前已完成35条河道治理，其余黑臭河道整治今年底将全部完成，届时主城区水系将按期实现水清景美的目标。（3）海绵城市试点工程，抓住江苏省第一批海绵城市建设试点机遇，在园林建设中广泛运用透水砖、草坪砖等透水透气材料，采取建设集雨型绿地、花坛、绿带的办法，增强公园绿地的集水能力，精心营建“海绵城市”。

退渔还湖前的小南湖

退渔还湖后的小南湖

全面拓宽绿色空间，构建多层次绿地系统。徐州继2005年获得“国家园林城市”称号后，当年7月又荣获“全国十佳生态文明城市”称号，2016年1月，徐州被住建部命名为首批“国家生态园林城市”，并以全国总分第一荣膺中国人居环境奖，为建设“经济强、百姓富、环境美、社会文明程度高”的新徐州增添了一张又一张名片。光环照耀下我们更要不遗余力地继续推进城市绿色空间的营造，将生态资源优势最大限度地转变为城市发展的核心竞争力。着力拓展城市绿色空间，通过拆迁腾绿、见缝插绿、规划补绿等方式提高城市绿量，将市区沿街沿路10亩以下的土地全部由政府收储拆迁，用于公园绿地建设，同时重点做好“沿路、沿水”文章，先后编制了故黄河、丁万河等沿河绿道规划，在严格保护原有水域、地貌的基础上，全面实施沿岸生态景观建设，规划建成一批滨湖、滨水景观公园，形成了纵横交错的绿色滨河风光带，河道绿化普及率达81.76%，林荫路推广率达92.32%。目前，徐州城市建成区绿化覆盖率达43.81%，由江苏省的第7位跃居第2位，市区5000m^2以上的公共绿地达到177个、300亩以上的大型公园达到21个，人均公共绿地面积15.74m^2，500m服务半径覆盖率达到90.8%，市区公园全部实现免费开放，形成了“城在林中、路在绿中、人在景中”的园林城市特色。《人民日报》以《建成“十分钟绿地圈”，徐州500米内有公园》为题对此进行了宣传报道。组织实施“市区山地绿化”“二次进军荒山”等工程，营建高标准生态风景林8500hm^2，累计造林面积12133hm^2，为荒山全部披上绿装，全市林木覆盖率达到30%，连续多年稳居江苏省第一位。此外，徐州高度重视生物多样性保护工作，相继建成463km^2的省级自然保护区、171.7km^2的生态湿地保护区，打造出环城国家森林公园、邳州银杏森林公园2个国家级森林公园，以及云龙湖、马陵山等省级风景名胜区。

邳州银杏森林公园

环城国家森林公园

依托双修试点优势，展开历史包袱变生态发展资源的新画卷

在推进城市生态修复和环境品质提升方面，立足徐州资源枯竭型城市实际，把生态修复作为重要突破口，变历史包袱为发展资源，使生态环境发生了根本性改观。针对 120 多年煤炭开采史所留下的 32 万亩采煤塌陷地，根据“宜农则农、宜林则林、宜水则水、宜建则建”的原则，通过科学规划、加大投入、分类整治，全力推进采煤塌陷地的生态修复和综合利用。规划建设了潘安湖湿地、九里湖湿地、督公湖等一批重大生态再造工程。针对徐州矿区实际，积极组织编制徐州采煤塌陷地生态修复规划，为推进中德合作共建徐州生态修复示范区项目提供了规划保障，工矿废弃地复垦利用已被列入全国试点，盘活利用矿山废弃土地 7000 亩，为全国同类城市塌陷地治理提供了值得推广和宝贵的借鉴经验。同时，创造性开展宕口整治修复，对市区 900 多处采石宕口和废弃矿山实施生态改造，大力整治生态疮疤。全国首座宕口遗址公园——东珠山宕口公园，通过高水平的规划和高标准的实施，被国土部确定为城市矿山治理样板工程，经过规划整治，京沪高铁沿线 26 个宕口成为生态景观优美的绿色风景线。为大力提升城市整体环境品质，大力实施蓝天碧水、显山露水、还绿于民等生态惠民工程，坚持“精心、精细、精致、精品”理念，规划建设一大批精品园林、特色园林、开放园林，对市区 72 座山峦、3 条河流和 7 个湖泊进行生态景观再造，规划建设 300 亩以上大型开放式景区 20 个，同时对主城区实施空间梳理，近三年市区新建游园绿地 300 多处，新增绿地面积 1227 公顷，人均公园绿地超过 17m^2。

徐州市近期重点生态型编制项目（部分）

《徐州市城区绿线专项规划》	《徐州市中心城区河道蓝线专项规划》	《徐州市生态红线区域保护规划》	《徐州市山林红线保护区划定规划》	《徐州市绿地系统规划》
《徐州市采煤塌陷地生态修复规划》	《徐州市清风廊道规划》	《徐州融入“江淮生态大走廊建设”规划》	《徐州市生态安全格局规划》	《徐州市云龙湖风景名胜区总体规划》
《徐州市吕梁山风景旅游区总体规划》	《徐州市大运河风景路徐州段详细规划》	《徐州市潘安湖生态湿地公园概念性规划》	《徐州市中心城区海绵城市建设专项规划》	《徐州市生态文明建设规划》
《徐州市城市生态修复规划》	《重要生态功能保护区规划》	《徐州市城北塌陷区生态修复综合开发整治规划》	《徐州市故黄河风景路区域协调规划》	徐州市“城市双修”及城市设计试点相关工作

因篇幅原因，以上仅列出最近一段时间徐州市部分生态型重点编制项目及相关工作

东珠山宕口公园被誉为国内城市废弃矿山治理的典范之作

新时代，徐州生态发展的新作为和新担当

推行系统规划，统筹城市建设管理。徐州快速高效的发展要求我们规划人要率先行动起来，也希望徐州的转型与蝶变能为全国乃至更多资源枯竭型城市的转型和生态修复提供些许建议和参考。我们规划工作者要始终坚持人民规划为人民，秉持创新思维、创新理念，充分发挥城市规划在城市建设中的引领和指导作用，从而助力整个城市建设，打造人民满意的生活家园和精神家园。

对接双修重任，保障徐州华丽转型。徐州被列为第三批“双修”试点城市，已经正式进入生态修复城市修补试点城市行列，这既是一项城市生态文明建设的肯定，也是我们作为淮海经济区中心城市义不容辞的担当。在徐州生态转型的路上，一定还会再有一个个的潘安湖、一处处的金龙湖宕口公园，褪去煤炭资源的华丽衣裳，换上了生态景观的崭新容颜。

坚定理想信念，助力彭城踏上新征程。新时代要有新作为，更要有新担当，在国家日益换新貌的进程中，徐州将坚定不移地以“绿水青山就是金山银山”的理念，紧扣全省生态环境高质量发展的部署，综合打造“山水林田湖”生命共同体的城市生态修复格局，保护我们赖以生存的家园，还城市以清澈的水、欢快的鱼、飞翔的鸟和彩色的叶，力争以“城市双修”为中心，以创新发展为核心，以共同富裕为初心，在以习近平总书记的党中央的领导下，实现徐州的老工业基地转型、生态修复，用“一城青山半城湖”的新名片，助力聚焦“城市迈向新时代”。

“一城青山半城湖”的新徐州

深圳城市更新：得到了什么，又失去了什么？

□ 吕晓蓓 中国城市规划设计研究院西部分院总规划师

深圳的城市更新似乎已经超越了理念之争的时期，进入“精耕细作”的阶段，但事实上，关于深圳城市更新的争论从未停止。

政府和市场认为，深圳通过城市更新，客观上改善了旧城旧区（特别是城中村）的人居环境、大大提升了土地利用的效益，弥补了土地供应的需求，补充完善了公共服务设施，也促进了产业的转型升级，还解决了部分有关土地和违法建设的历史遗留问题。因此，深圳需要更快速地推进城市更新，以提供更多空间资源弥补城市建设仍然存在的短板。

专家和学者以为，超前或者过快的城市更新可能引发严重的城市问题，其中包括拆除重建的比例过高，大大超过了道路交通设施、公共服务设施和市政基础设施的可承受范围；城市更新大幅提升了产业和生活成本，挤出了原住民（主要是外来租客）和小微企业，破坏了老城区的社会生态和产业链条；城市更新快速将制造业空间置换为商业办公和居住空间，后者却存在过剩的危险；市场主导的零散的城市更新难以实现城市整体发展目标，且存在瓦解公共利益的风险[①]。

即使深圳已经进入了城市更新精细化阶段，仍然不得不面对一些“根源性”的拷问和争论——一个不到40年历史的年轻城市是否有加快推进城市更新的必要性？到底是“更新太快导致城市问题”，还是“更新太慢阻碍城市发展”？或许并不能给出“是”或“非”的答案，抑或在不同的历史阶段有不同的回答，但这些争论存在本身就代表了深圳的城市特质，那就是要勇于超脱短期目标，敢于透过物质现象，不懈地探究城市发展的“得”与“失”。

① 参见朱荣远、邹斌、黄卫东、李江、徐磊青等专家学者有关深圳城市更新的文章或发言，以及周彦吕、洪涛《市场化路径下深圳城市更新真问真答——以南山区为例》等文章。

深圳城市照片

资料来源：https://pic3.zhimg.com/80/v2-6c38f6465dd52bcddc842c90378161ab_hd.jpg

深圳城市更新的“得”

深圳十多年来的城市更新，不仅逐步消除了体制上的障碍，同时也盘活了存量土地，促进了产业升级改造和城市投资环境的改善。自 2012 年开始，深圳城市更新提供的土地超过新增建设用地。截至 2015 年，深圳共综合整治了 330 多个城中村，总投入超过 20 亿元。通过城市更新，还落实了中小学 74 所、幼儿园 159 所、医院 2 家、社康中心 126 家，并将提供 1268 万 m^2 的产业用房。

但如果拨开城市空间和产业发展的表面，其实更大的收获在于过程中的社会沉淀，包括更精细化的城市运营和管理意识，更多的是对于城市更新和城市发展的社会共识，社会各个利益方都逐步适应了更加理性的社会参与方式，正是这些潜在的变化使深圳的城市更新并未止于空间，而具有了更多社会变革的深层意义。

2012—2017 年深圳市存量用地在土地供应计划中占比

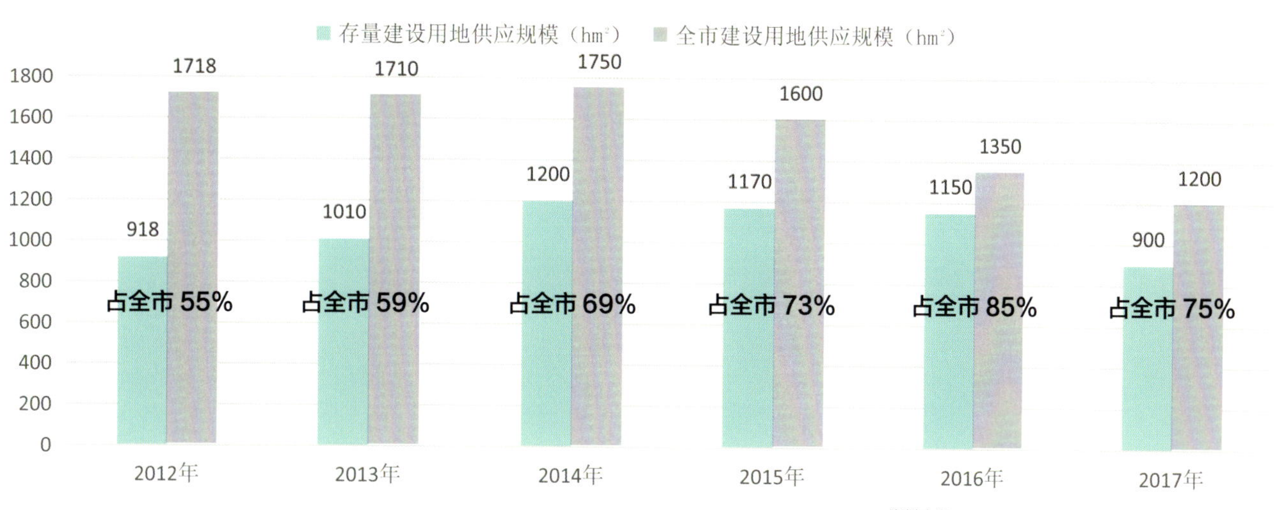

资料来源：
根据深圳市规划和国土资源委员会公布的相关数据整理。

相对稳定的社会预期

当深圳的城市更新项目进入正式的政府程序之时，无论是各级政府、市场、业主乃至公众，都可以通过深圳的城市更新公开政策或者通过征询更新专职机构，对更新项目将经历的阶段、程序和关键环节有基本稳定的预期；而当更新专项规划审批程序以后，也就意味着涉及该更新项目的主要利益方，对于项目中的更新目标、发展方向、实施环节，乃至利益分配关系和公共利益底线都有了基本的共识，并且审批完成的更新规划成为公众监督城市更新的基本依据，利益各方对于未来项目实施的稳定性和持续性更有信心。

这种“稳定的有共识的预期”看似抽象，却是多年来深圳城市更新体制机制不懈建设的重大成果。回想 10 年前深圳城市更新起步之时，无论是政府主事官员、市场主体或是旧村业主，都很难清楚地阐述实施更新的完整流程和核心节点是什么，只能是“摸着石头过河”，但河里任何一股乱流都可能使行进中的计划全部翻盘。而相比而言，尚未成熟的更新制度环境带来的问题，或者是政策和程序的延续性和稳定性不足（冷不防出台一些政策且与前期政策大相径庭），或者是审批与博弈的环节错位（审批完成的更新规划难以经过市场博弈的考验），或者缺乏类似更新规划的共同利益博弈平台（相关利益方只能在各自的领域中自说自话，甚至相互埋怨）。而深圳正是通过城市更新制度建设，消除了城市更新进程中存在的不合理的制度障碍，为市场和社会增添了参与城市更新的信心，将城市更新纳入了法制化和常态化的城市管理体系中。

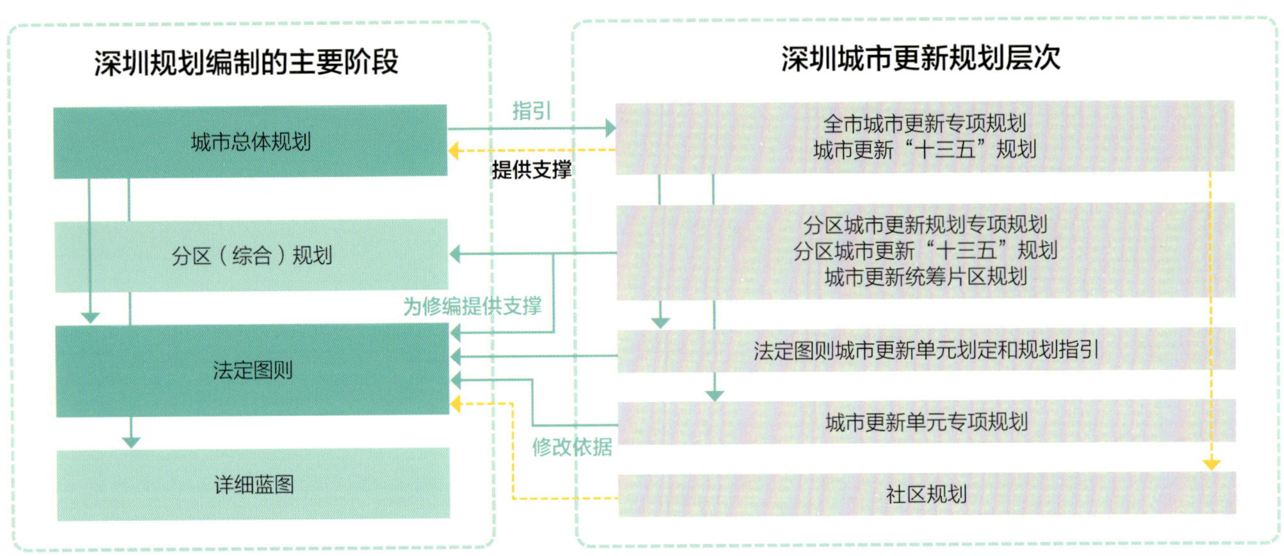

与法定规划紧密衔接的深圳市更新规划体系

日益清晰的公共底线

深圳城市更新制度建设的另一项重要收获在于：所谓城市更新中的“公共利益”，正在从完全抽象的概念，逐步转化为切实的公共政策，并逐步成为政府行政审批中的基本底线。政府多年来在与市场和更新主体博弈的同时，也在逐步探索和昭示公共利益的底线。

回想深圳城市更新制度尚未成熟的时期，这条“公共利益”的底线尚不清晰，社会中有一种“旧城拆迁必然引发贪污腐败或市场不正当收益”的惯性思维；规划师们因为缺乏底线的把握，仅仅只能凭着专业知识和职业操守守护城市更新中的公共利益；而政府面对遍地开花的城中村改造申请，明知不能盲目推进，也找不到政策法规为依据抵挡。所谓城市更新的底线不仅是保护公众和社会的利益，也旨在保障各方的收益与负担的公平划分，防止局部或个体侵吞独占城市更新的收益。虽然“公共利益”始终是一个定义模糊且随时而变的概念，但深圳的城市更新制度建设始终没有放弃这个命题，不断通过各类讨论甚至博弈“探底”，并且将其落实在各类更新政策中。比如推出重点更新单元制度，借以强化对现状情况复杂、公共设施缺口较大片区的规划管控力度。又如在城市更新单元规划中设置的公共配套设施条件日益复杂，除了对用地和建筑面积提出要求以外，逐步加入了将设施占比、选址交通条件、设施类型、建设实施责任等更加精细化的条件。由此可见这条底线从看不见到日益清晰，有赖于长久的经验积累和社会共识，是来之不易的收获。

标志事件——《深圳市城市更新办法》（2009 年 10 月）颁布

国内首部系统规范城市更新工作的政府规章，深圳城市更新政策体系的核心。

之后出台一系列配套文件，形成较为系统的城市更新政策体系，规范相关运作流程：

- 《关于深入推进城市更新工作的意见》
- 《深圳市城市更新提速专项行动计划》
- 《深圳市城市更新单元规划制定计划申报指引》
- 《深圳市规划国土委城市更新项目用地审查操作规程》
- 《深圳市城市更新项目保障性住房配建比例暂时规定》
- 《拆除重建类城市更新项目房地产证注销操作规则》
- 《深圳市城市更新办法实施细则》（2012 年 01 月）

……

- 《深圳市城市更新办法（修订）》（2016 年 11 月）
- 《深圳市城市更新“十三五”规划》（2016 年 11 月）
- 《深圳市人民政府办公厅关于印发加强和改进城市更新实施工作的暂行措施的通知》（2016 年 12 月）

制度建设引导深圳市城市更新进入规范化阶段

精致的市场博弈

如果把深圳日益成熟的更新制度建设仅仅归功于政府，显然是有失公允的，因为精致的制度往往来源于政府与市场间“精致”的博弈，却不可能诞生在缺乏市场参与的更新环境中，也不可能出台于漠视市场的政府当中。深圳城市更新的体制机制建设与市场主体在“三旧”改造中的发展和演进息息相关，可以说那些越来越趋向细致的政策规范几乎都是在回应旺盛的市场冲动。以旧工业区改造为例，无论是 M0 类用地的创新定义，还是对工业楼宇转让和工业地产分宗销售的严格规定，直至出台专门的“综合整治类旧工业区升级改造操作指引”，并开始建立城市产业用地保护线制度……其实均出自于政府对市场需求的回应或对市场谋利的调控。政府和市场的良性博弈有力地助推了深圳城市更新体制机制的建设，而城市更新体制机制的建设则为政府和市场的博弈搭建了一个越来越健全、公平和透明的平台。

回顾近 30 年来中国城市更新的历程，可以看到不同城市的不同选择，有全凭政府一己之力，“运动式”地拆建旧城；有放松政府管制，主要借助市场力量推进旧城改造的……相较前两种选择，深圳选择了一条中间道路——既未采取简单粗暴的方式约束市场，也没有一味屈服于市场，而是坚持以规则与市场博弈，用共识与社会调和。正是这样的选择，让深圳率先迈入了城市更新的制度化和常态化阶段——而这可能才是深圳城市更新最重要的收获。

深圳市旧工业区改造政策的发展演变

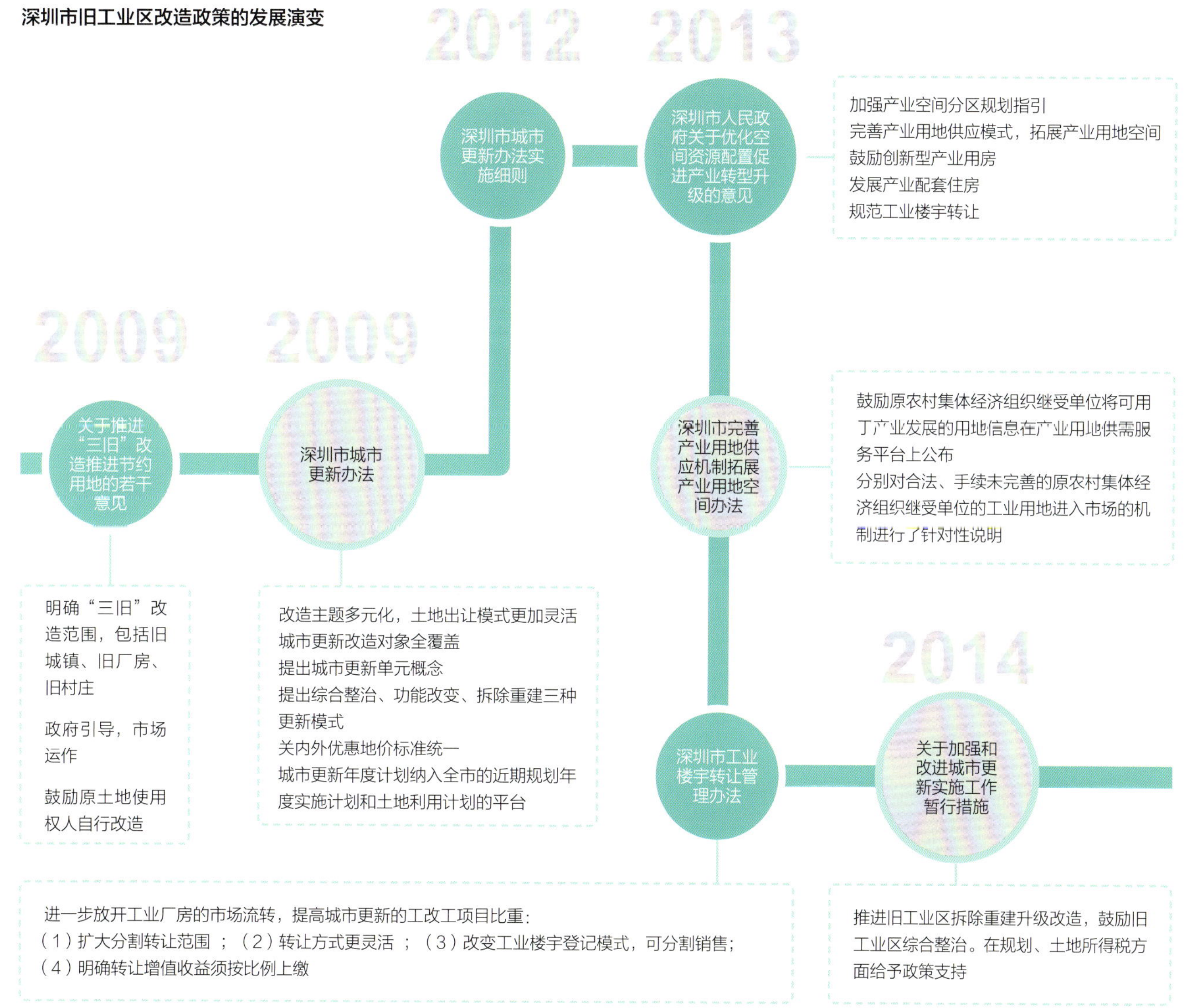

深圳城市更新的“失”

虽然深圳城市更新的政策工具，经历了非常复杂的博弈与实践，10 年间政策目标和运作方式都发生了巨大的变化，但这是否能代表深圳城市更新的“得失”，尚未在专业领域中得到广泛共识。

空间增量已被“额外”满足

在深圳当前异常繁荣的土地和房地产市场条件下，通过更新快速为城市发展寻求空间增量，而空间增量的得与失、多与少、快与慢，已经成为市场、业主乃至政府关注的主要焦点，占据了城市更新的核心矛盾。随着全市城市更新行政审批事权的进一步向区级政府下放，对于通过城市更新提高建筑规模增量的冲动日益强烈，一些区政府甚至提出通过更新“再造”一座城区的目标。事实上，如果把全市所有城市更新规划拟增加的建筑规模和提升的容积率叠加起来，结果都是惊人的。也可以想象，如果通过城市更新“再造一个南山”或“再造一个罗湖”的目标实现，则随之而来的高密度的人口集聚，会给城市公共服务增加多大的压力？也正是这个原因，很多人对城市更新的速度和规模都提出了不同程度的质疑。

如果将当前的城市更新置于更长远的城市发展趋势中，种种迹象表明，随着城市经济增长速度放缓和老龄化时代的到来，未来中国城市很可能进入房地产市场过剩的“后置业时代”[②]，加之分享经济的兴起，以及年轻一代租住观念的转变，深圳未来面临的核心矛盾很可能从空间资源的“短缺”转向“过剩”。当空间的基本功能和物质性需求已经被“额外”满足时，市民更会转而寻求更具精神人文内涵的空间。那么，未来城市更新造就的过剩空间很可能成为城市负资产，如果其中还存在长期累积的社会问题，则更会成为难以处置的社会顽疾，甚至导致城市衰败。

② 参见孙立平《从大规模集中置业时代向后置业时代的转变》等文章。

深圳城市照片

资料来源：
http://fl4.gtimg.com/flpartition0/7084/631007084/884/1941878748915951958202125160142.jpg

社会文化在更新博弈中缺位

通过城市更新能获得怎样的空间质量和内涵，空间中承载什么样的人口和功能，社会文脉和城市历史会呈现怎样的变化，社区发展和基层治理会受到什么冲击，这些通过城市更新可能引发的重要问题，往往会在更新博弈中被搁置一边。

虽然《深圳市城市更新“十三五”规划》中增加专章提出城市更新的“促进社区转型发展”目标，更多的规划师越来越重视城市更新的社会影响，部分公益组织已经开始自发开展城市更新社会影响评估，但无论是在修订后的更新办法或是暂行措施中，城市更新的社会影响评估仍然未能成为实施更新的法定程序或必要条件，其他关乎社区发展的就业、生活、文化、社会关系等因素仍然是搁置一边的次要问题；至于城中村、旧厂区中真正生活和就业的主体人群——租户和外来务工人员也尚未在更新博弈中取得一席之地。历史告诉我们，对社会问题的搁置或忽视，其短期的影响虽然很难显现，对于城市发展的未来却可能带来更严重的挑战；从中国城镇化的趋势来看，城市在近中期所获得的空间增量，放在更长远的未来而言，也未必能维系持续稳定的价值。

近期有一篇广泛流传的文章，题为《从物质中获得幸福的时代已经结束》[③]，如果未来的趋势真的如文章所言，那么围绕“物质”增长为核心的城市更新，也很可能在不远的将来走到尽头。从欧美到东亚，特别是临近的香港、台湾地区，类似的趋势已经越来越明显。未来深圳的城市更新仍然是以追求空间的增量为主吗？基于空间增量的利益交换仍然是城市更新的核心矛盾吗？评价城市更新的主要标准仍然是土地利用效益的提升或空间规模的增量吗？深圳在城市更新制度建设近 10 年后，也有必要从一些根本性的问题上，重新思考城市更新的方向和选择。

③ 参见本田直之《少即是多：北欧自由生活意见》。

城市更新，勿忘初心

城市更新的历史几乎伴随了深圳城市规划事业成长和发展的全过程。伴随着城市的建设和更新、政府职能的转变、市场体系的完善，以及市民社会的发育，不断塑造出深圳城市更新的独特模式。很多城市想学习深圳的城市更新，特别是深圳城市更新当中的一些技术方法或者具体的政策规定，但我认为这些方法和技术可能都是片段的，很难直接复制到其他城市，因为其他城市的房地产市场、政府管治环境等和深圳截然不同。而恰恰是深圳城市更新当中一些不变的价值观内核有借鉴的意义，比如一直坚持市场和政府的理性博弈，坚持城市更新规划中要有明确的公共底线，始终通过城市更新规划和更新体制机制建设给市场和社会传递稳定的预期，以及政府理性运用权力的方式等。

虽然深圳的“城市更新”早已经过了概念辨析的阶段，制度管理日益精细，规划方法也愈加精巧，但并不应因此放弃对城市更新价值和方向的拷问，更不能丢弃反思、博弈和改革的勇气，因为这是深圳城市更新的初心，也是深圳城市发展的灵魂。深圳过去在选择城市更新道路时，并没有为了追求一时的绩效而选择激进的大拆大建方式，经过十多年来持续的制度建设，获得了宝贵的社会沉淀；而面向城市更新的未来，希望深圳还有勇气重拾初心，从更长远的价值观出发，从社会发展的角度出发，反省当前城市更新的得与失，再次成为探索中国城市发展转型的先锋。

参考文献：

[1] 侯胜强，王鹏，谢红坤．从利益博弈到价值回归——深圳旧工业区复合型城市更新方法初探 [C]//．规划 60 年：成就与挑战——2016 中国城市规划年会论文集 (08 城市文化),2016.

[2] 深圳市人民政府．深圳市城市更新办法（修订）[Z].2016.

[3] 深圳市规划和国土资源委员会．深圳市城市更新“十三五”规划 [Z].2016.

[4] 深圳市人民政府办公厅．关于印发加强和改进城市更新实施工作的暂行措施的通知 [Z].2016.

旧城更新中的场所营造
——以厦门鹭江剧场公园周边改造为例

□ 黄耀福 广州中大城乡规划设计研究院有限公司规划师
李 郁 中山大学城市化研究院院长，中山大学地理科学与规划学院教授、博导

中国土地资源的紧张促使各个城市从存量中找空间，开展了大量更新的实践，旧城更新成为下一阶段的城市重要发展战略。当前，我国正处于经济结构变化、社会转型时期，旧城更新被视为社会发展的重要组成部分，试图通过旧城更新促进城市、社会、经济的转型，实现发展方式的转型。新常态下更注重以人为本，出现城市人文空间的变动和重新建构。从这个角度看，旧城更新不再仅仅为城市提供发展的空间，而是蕴含了更加深层的内涵。

厦门自 2013 年开展美好环境与和谐社会共同缔造活动以来，在旧城更新领域展开新的讨论与探索，是国内城市规划创新和变革的先锋城市之一。厦门鹭江旧城的实践把场所营造视为旧城更新的重要组成部分，并非单纯改善旧城的物质环境，而是将提高社会活力、促进产业发展、增进文化认同等长远全局目标统筹考虑。实践表明，旧城更新不能被简单地视为谋求经济增长的手段，应该充分重视场所营造的意义，结合以物质为载体的环境改善和以组织培育为主的社会建设，统筹城市社会、经济、文化、生态多方面内容，借助场所营造实现城市的转型。

厦门鹭江旧城鸟瞰

场所营造的重要性

认识旧城更新的复杂系统问题

旧城既有历史上遗留下来的沉重负担，又有发展过程中所必然出现的严重障碍，交织存在着物质性老化、社会破败、产业衰退等严重问题。伴随着旧城衰败，本地居民大量外迁，旧城人口低收入化，导致原有的熟人社会网络不断瓦解。旧城的产权包括私有、公房、私公共有、侨房等，复杂的产权关系难以开展有效的旧城更新，从而进一步导致旧城居住条件缺乏改善而持续恶化。旧城的历史风貌是地方发展的长期积淀，保留着大量具有乡愁韵味地方感的文物建筑、老旧街区、历史广场等，是全球化竞争下最能彰显地域特色的场所。

旧城呈现的衰败问题反映了由物质结构、经济结构和社会结构构成的复杂城市系统之间的耦合出现脱节的情况。城市是千百万人生活和工作的有机载体，构成城市本身组织的城市细胞经常不断代谢。城市系统中的物质结构系统容易受外部变化影响而产生明显变化，但物质结构是实现经济增长的载体，也是衍生人与物、人与人的各种关系和社会网络至关重要的场所。物质、经济、社会等系统的正常耦合与构成城市很强的整体性和关联性，其系统性能让城市更具有生命力。反之，当系统之间脱节，则物质结构衰败，经济活力下降，社会关系逐渐流失。

忽视旧城更新复杂的社会、经济、文化内涵，简单地通过大规模的物质改造难以实现有效的旧城更新。在旧城更新中仅仅关注到物质结构无异于给城市做“美化工程”，只是治标不治本。城市文脉与特色是城市保持竞争优势的关键因素，然而简单的推倒重建容易磨灭城市文化特征，丧失城市的底蕴和魅力。旧城更新需要深入了解隐藏在背后的复杂系统，在充分考虑城市原有的空间结构和社会网络基础上，针对具体地区存在的资源禀赋、文化特征等条件，综合考虑物质、经济、社会、文化等多种途径和手段进行更新。

场所是旧城更新中实现空间、社会和经济有效衔接的单元

场所具备物质性、社会性、经济性等多维特征，是社会、自然和文化相互交融的体现，也是小尺度社会活动发生的空间形态，在场所邻里之间人们形成复杂的互动关系与网络。场所是社会关系形成的物质载体，旧城的社会网络总是围绕特定的场所展开，它随着居民与旧城之间的相互关系的发展而发展。从这个意义上讲，场所提供了不断产生社会的可能性，不仅是社会建构的产物，也有建构社会的能动性。基于此，旧城更新牵一发而动全身，可行的切入点在哪里？我们认为应该从旧城改造最缺乏的场所切入，促使旧城重新回到耦合的社会文化空间格局。旧城营造出特有的场所感和认同感，是地域文化与全球文化交融的产物，也是当前全球化下彰显城市活力与竞争力的重要内容。借助优秀的场所营造，不仅能改善旧城的人居环境，还能集中和强化旧城邻里关系，实现城市空间、社会和经济三位一体的再生，进一步促使旧城与其他地区的振兴。

旧城更新中的场所营造是一个长期的过程，因此要获得场所营造乃至旧城更新的成功，长期公众参与至关重要。地区居民必须发挥主观能动性，参与到旧城更新的发展规划制定与实施过程之中。场所营造倡导公众自发营造空间，城市的核心是“人”，城市应该是由具有多样化功能、以人为本的场所体系组成。场所营造强调以人为本，不仅建立人与人之间的和谐关系，也建立人与自然之间的和谐关系。弗里德曼（Friedman，2010）认为，“场所营造是每个人的工作”。每个街坊都有自己独特的社会背景。伴随时间的流逝，它甚至会因此得到一个集体认同的称号。不管这个称号是否可以保留，每个街坊的特征都是不会改变的，它的名字会成为未来的遗产。也就是说，生活在街坊里的居民的每个行为，包括日常事务、节庆活动等都会影响着它的特征、社会空间格局等，这些又会在文化中熏陶、影响自己，对自己的行为作出约束。因此，倡导旧城居民参与场所营造，不仅包括改善旧城的空间品质，创造交往空间；还包括通过自身参与的事件，构建集体的行为规范，从而增强对旧城的认同感。

场所具有强有力的集聚性与向心力；在场所内部，邻里关系和睦，人与自然和谐。通过场所营造，将人与旧城更加紧密地依附在一起，促使宜居生活与有序空间实现统一，从而营造人的城市。

场所营造的厦门实践

厦门市鹭江街道位于厦门市思明区西南海滨营平片区，是目前为止保留最完整、历史最悠久的传统街区之一。剧场公园前身是厦门市鹭江影剧院，由于年久失修不得不被拆除，之后剧场旧址一度成为停车场。鹭江的旧城更新便是从鹭江影剧院改造为剧场公园工作开始切入。

剧场公园的场所营造能够有效增加老城的公共空间资源，对促进居民之间日常交往、开展邻里活动、凝聚社会网络具有重要作用。伴随在剧场公园定期举办的“厦门早市”，剧场公园的知名度不断提高，剧场公园逐渐成为促进城市地域文化滋长的地标场所，并吸引厦门其他居民、外来游客前往游玩。然而焕然一新的广场与周边陈旧、简陋的店铺形成较大反差；由于装潢、空间营造上的欠缺导致店铺难以吸引人群。因此，政府自上而下开展制度设计，拟定了以奖代补政策，鼓励周边居民在保存街区历史文化特征风貌下，开展自我更新，并且可以向街道申报房屋结构加固、立面风貌提升等费用奖励。良好的制度设计与客观的市场前景，公园所在的大元路街区的店铺率先发生自我更新，出现老城咖啡、同安封肉等新的业态，街区活化雏形显现。在公园广场由点及面的带动下，片区居民对鹭江旧城的发展再一次充满信心。伴随建筑质量的更新改善，产业活力焕发，社会凝聚力增强，鹭江旧城逐步实现有序、灵活的城市复兴。

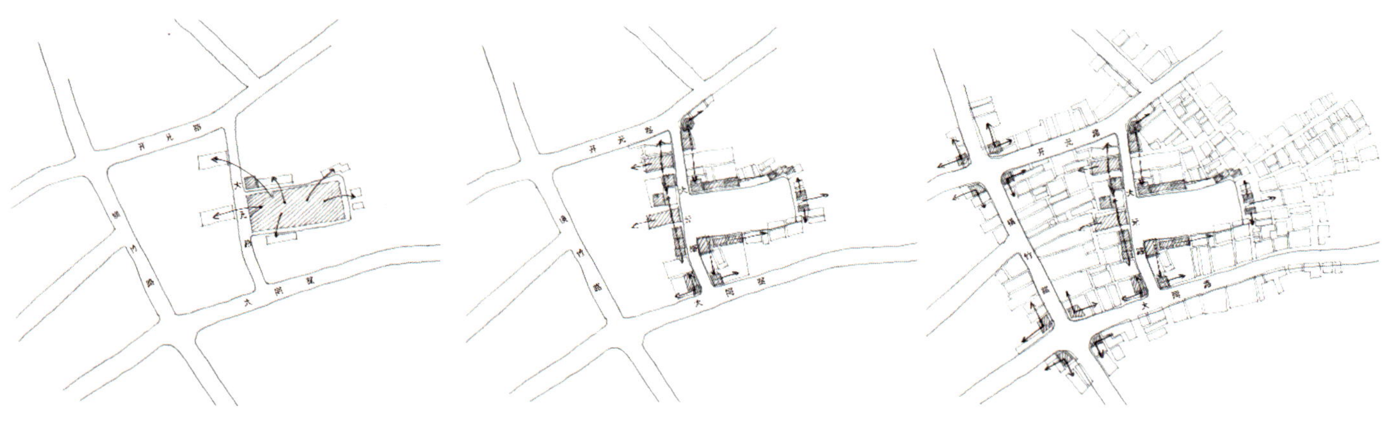

广场周边扩散　　街区活化雏形　　由点及面的自我改造

剧场公园的场所营造与社会建构

剧场公园不仅为旧城提供了宽敞的公共空间，同时积极活化两侧的公房，引入养老、文化、娱乐等社会服务功能，为旧城居民提供多样化的功能服务。如广场两侧收储的可用楼房被改造成老人活动场所，以工作坊、博物馆等形式引入民间老艺人或者文创青年，增加文化公园的文化氛围，让市民在这里可以寻找到老城的记忆；同时在广场上增设茶座、健身区、图书馆等满足居民日常休闲需要的设施。剧场公园广场具有开放包容的特性，通过多样化的功能促进不同人群的交往，是本地人与外来人和谐相处的场所，也是老人、小孩一起活动的乐园。剧场公园为老城里的社会交往打开了一扇门，促进人与人、人与环境之间的和谐。

老城原本属于"熟人社会"，然而老城的衰败环境让越来越多的居民产生逃离的想法。人口的流动不断让原有的社会人际网破碎，居民之间的联系逐渐减弱。针对这种情况，老城剧场公园开始举办各类活动，其中最有名的为"鹭江早市活动"。早市活动联合了营平片区的商家、居民、社工机构、社区居委、街道共同参与，改变以往自上而下的、外来的纯粹"表演式"活动，从本地文化特色出发，再现传统年代的历史场景，通过参与式活动促进人群之间的交流。在长期的早市活动的社会建构中，改善了居民与政府之间、本地人与外来人之间的关系，增进对共同家园的集体认同。

通过以剧场公园为集聚中心的社会建构，将空间与居民的认同联结起来，激活这一片区的微观邻里关系。而这种微观邻里关系又会投射到实体空间上，包括对资源的珍视、空间环境的改善、和睦邻里的营造等。早市活动不断消除人与人之间的隔阂，也通过活动延续老城的历史文化、风俗民情，让更多的人了解到这一片区存在的资源要素，珍惜这一片水土。老城具有的资源潜力丰富，在居民这种强烈的认同意识不断被唤醒的时候，资源的潜力也被激发出来，发生变化的不再仅仅是剧场公园这一片土地及这一片的居民。

改造中的剧场公园

鹭江剧场公园航拍图

剧场公园的早市活动

大元路街区的产业复兴

随着社会发展和变迁，鹭江旧城的文化底蕴逐渐消逝；骑楼建筑越来越老旧，且难以满足当前日常居住需要的基本功能，比如缺乏厨卫等。久之，老城发展活力日趋下降，旧城的一切仿佛成了包袱：老字号等历史与人文底蕴不断被淹没，传统产业走向衰败，越来越多的年轻人不愿意在老城就业、创业，老字号也"后继无人"。

不同于传统的政府主导的产业发展，鹭江老城通过自下而上、公众参与为主体的文化植入，逐步培育壮大文化创意、休闲旅游、传统老字号等产业。大元路是100米长的步行街区，广场集聚的人气让大元路焕发活力。位于大元路上的信记陈茶、同安封肉、黄胜记等均开始更新，再逐步融入公园广场所创造的新的美好愿景当中。吉治百货、旧时光家具、以乐剪纸、老城咖啡店等通过建筑实践与文化创意相联系，逐步消除市场与现实的不匹配，营造了富于地域特色的文化街区，逐渐焕发隐藏于旧城中丰富资源的活力。在大元路街区，我们可以看到极具地域特色的"古早味"老字号与文创氛围的"小资场所"并存，通过消费文化与传统地域文化的接轨，焕发街区产业的活力。

在大元路街区，既有消费文化下出现的创意体验产业，也有根植于地域文化的老字号产业。二者有效推动了旧城产业的更新，也让老城找到自己的竞争优势和市场地位，在提高居民收入的同时，逐步培育老城的消费市场，重新建立公众对老城发展的信心，带动社会对旧城的资金投入与更新活动。

自上而下的更新奖励

为了鼓励居民、商家开展自我更新，鹭江街道推出《鹭江街道旧城有机更新以奖代补实施办法》，思明区出台老城区私危房翻建解危的“以奖代补”办法。对符合《鹭江旧城有机更新总体风貌控制导引》中的风貌控制要求和设计风格的，在房屋立面改造和内部改造等项目上可以申请奖励；对改造后用途为居民自主或者发展民宿、青年旅舍、咖啡店、旧书店、画廊、古玩店、传统工艺品商店、传统特色食品店及其他能体现当地特色业态的可以申请奖励。以第一家享受以奖代补政策的同安封肉为例，老板在改造期间，除了停业3个月失去的机会成本外，外部装修、设计费、改造费基本由政府以奖金的方式全部予以补贴，而内部装修费用由政府奖励，占成本的一半。除了同安封肉店，赖厝埕扁食店、黄胜记店铺等均享受了政府的以奖代补，并且释放促进城市更新的触媒效应，催化其他危房建筑开展更新改造。

公众参与下的城市更新

公园广场的文化氛围尽管很多店铺都是具有地方特色的古早味小吃，但以陈信茶店为例，更新之前店主经营海蛎面线糊，简易、鲜红的招牌与主体骑楼建筑风格冲突，缺乏艺术上的美感。改造之后，水刷石墙面，恢复骑楼的廊道，并且用海蛎壳铺设招牌，崭新又怀旧、复古的外观与骑楼本身质朴的颜色吸引了许多路人停留。

2014年7月剧场公园开始改造，建成后成为旧城城市更新的催化剂，不断激活老城自我更新能力，公园周边出现不少自我更新的建筑。除了剧场公园是政府推动进行的改造外，吉治百货、荒岛图书馆、以乐剪纸、老城咖啡店等主要是社会各行业人士进入营平片区进行的投资；而同安封肉店、赖厝埕扁食店、信记陈茶店等是在原本居民开设的餐饮店基础上进行的更新。由此可见，老城不仅吸引了社会的关注，成功激活了市场要素，也让本地居民看到未来升值的空间，愿意去投资改造。

社区参与式的规划理念

剧场公园的营造拉开了旧城更新与微改造的序幕，“共同缔造工作坊”的组织则进一步释放剧场公园对城市更新的触媒作用——运用“美丽厦门共同缔造”的思路，动员居民参与社区有机更新过程，同时进行相关制度设计，形成旧城有机更新可推广模式。共同缔造工作坊团队成员包括居民、商家等公众代表，中山大学、厦门华侨大学、厦门大学等院校代表，与政府代表等一起集思广益，共谋发展之路。共同缔造工作坊引导公众以多样化方式参与到规划多个环节，通过居民、商家、社会组织等不同主体协商共治制定符合多方愿景的规划方案，探寻推进社区可持续发展的方法与策略。首先是开展多次实地调研，认识社区资源与问题。通过多次实地调研，包括深入访谈商家与居民、现场求证等方式，分析营平片区在社会人口、风貌、产业、街巷、建筑、设施等方面存在的问题。

其次开展访谈与座谈，寻求未来发展共识。尽管不同地区的实践给我们提供了丰富的经验与可选择的发展方向，但来自鹭江街道的居民、商家等从自身体会与生活经历出发，告诉工作坊团队其想要怎样的剧场文化公园片区，对做好规划工作依然意义重大。

之后通过工作坊的多次协调与讨论，形成对剧场文化公园片区未来的愿景：具有老厦门味道、安居乐业的混合社区；也是承载厦门历史、展现市井生活的“街区博物馆”；同时是新旧交融、富有生活情调又具开放包容的历史文化街区。伴随新功能的引入与建筑的自我更新，让老城在建筑、功能上与时俱进，符合当代人生活需求，同时成为开放包容的历史文化街区。

信记陈茶改造前后对比图

以乐剪纸艺术馆改造前后对比图

老剧场咖啡馆改造前后对比图

认识片区存在的资源

与吉治百货老板杨涵憬交流

未来发展愿景

旧城更新中场所营造的启示

旧城更新中的场所营造，是指在充分认识与解读城市更新的整体性与复杂性基础上，摒弃激烈的“器官移植式”的大规模“外科手术”方法；从微观切入，通过策略性的选取地方开展场所营造，改善城市局部“微生态”，作为城市自我更新的示范；培育良好外部环境，通过城市发展愿景、以奖代补政策、市场培育前景、文化维度认同等多方面作为支撑，引导公众自下而上逐步开展更多的场所营造。以此在不破坏城市正常运转、延续文脉与城市肌理的基础上，从微观尺度激发城市社会、经济等方面的活力，实现城市的有机更新，重新恢复城市应该有的良好社会文化格局。

策略性场所营造锁定地区美好愿景实现路径

旧城更新中的场所营造并非漫无目的，而是需要结合对城市未来发展的愿景进行策略性的引导。场所营造的核心是要发挥示范效应，锁定城市朝向美好愿景实现的路径。启动点场所的选取需要综合性的思维对城市未来的发展进行通盘的考量，深入了解城市的文脉和肌理特征，以城市问题或者城市资源为切入点，通过场所营造化解问题或进一步发挥资源的优势，从而协助城市从微观层面逐步改善生态环境。在促进整个城市更新之前，需要让市民恢复对这一区域发展的信心，或者是创造一种对未来培育某种功能的自信，以此逐步树立此区域在整个城市经济、社会体系中的竞争地位，使其能够具备在功能上进行更新的潜力。因此需要城市地区的居民与政府、社会组织等达成对未来发展的共识。

良好的制度设计能够激发城市自我更新能力

在旧城更新的过程中，自上而下的顶层设计需要在不同阶段针对不同问题、机遇予以引导。比如刚启动城市更新时，更多需要政府扶持，明确城市未来发展的定位，消除公众对此片区发展的不确定性；同时辅以财政支持，通过以奖代补予以奖励，进一步激发公众更新的动力。政策优惠的目的在于通过合理的收益分配，减免有关税费、调整地价及提高回报率等措施，在规定的范围内满足投资者的一些要求，以此鼓励社会资金进入到城市更新中，从而改善城市整体环境质量。常见的措施包括“以奖代补”“租金优惠”等。“以奖代补”不同于直接提供财政补偿，而是对做得好的项目、活动予以奖励，以此鼓励投资者兴建城市所需的公共空间和城市环境，保护城市资源和特色。“租金优惠”则是通过减少或减免相关建筑、土地的使用租金，鼓励使用者充分发挥建筑作用，扶持特定产业等。

文化导向的活动能增强居民归属感

场所营造还包括旧城中开展的系列活动，借助活动激活旧城活力。旧城过时的核心在于无法满足当前使用的新需求，体现在物质结构的过时、功能的过时等多方面。而文化通过怀旧的空间再现、创意植入的空间表达，能够营造一种新的氛围，重新将老城展现在世人面前；它不仅仅只是居住的空间，甚至可以是消费体验、互动交流的场所。与文化的密切结合可以激发城市发展的持续动力，能够满足城市与时俱进的需要。文化既能彰显自身特色，也能在全球化浪潮中保持蓬勃的竞争力。文化是实现旧城更新的强大动力。对本地人而言，文化还能够塑造城市或地区特色，延续城市发展脉络，推动社会融合。因此在城市更新时，可以通过建筑发挥文化符号精神，也可以通过举办文化活动凝聚社会活力。通过文化导向的活动，可以将一个物质的空间变为具有特定象征意义和空间体验的场所，显得与众不同；并且在反复的活动中，逐渐建构个人的体验记忆与集体的共同意识，激发社会邻里的活力与凝聚力。

倡导公众参与，自下而上开展场所营造

旧城更新的愿景既需要符合未来发展的定位，也要能够吸引居民的兴趣。大规模的城市更新项目难以实现深层次的公众参与，只能停留在规划公示、意见征询等象征性层面。而场所营造尺度小，容易为人所感知，公众能够从自身体验、需求等角度提出自己的改造设想。正因场所营造能够满足自身的需求，公众才具有实现城市更新和促进城市发展的动力。通过以空间使用者为主体的参与，更能营造宜人的城市环境，实现人与社会、人与城市的协调。此外，大规模更新涉及诸多团体、居民，因为其涉及到广大居民的住房、就业等问题，在更新过程中众口难调，容易爆发社会矛盾；尤其是城区复杂的产权问题难以协调，改造推动难度极大。而场所营造一般会有明确的需求，同时产权主体相对明晰（场所营造涉及的产权主体较少，也容易形成共识），在改造上有更大的自主性、积极性、目标性。公众通过参与多样的社会活动能够激活城乡邻里之间的活力，重新凝聚基层涣散的社会网络。最后，公众还能加入到当地的产业活动中，包括对老字号的振兴、文创产业的引入等，自下而上地促进产业的更新与升级。

结语

旧城更新中的场所营造在充分认识与解读城市更新的整体性与复杂性基础上，摒弃了激烈的“器官移植式”的大规模“外科手术”方法；从微观尺度切入，找到城市和人们最需要的场所或者最薄弱的地方率先开展更新活动，以此培育地区的活力及带动周边地区的发展，增强居民对当地社区发展的信心。场所营造的核心是基于在空间上延续城市的文脉与肌理，通过全球文化和地域文化的接轨实现功能的翻转，逐渐消除地区功能现状与居民需求之间的差距，培育良好外部环境以激活城市的自我更新能力，让公众成为城市更新的主体，逐步恢复城市原有的社会文化格局。

鹭江旧城的场所营造拉开了老城自我更新的序幕，让公众看到未来发展的信心，政府提供的以奖代补政策奖励、策划的一系列具有浓郁地域特色的活动，激发了社会基层的活力，促使居民、商家有更高动力开展自我更新，实现危房改造、建筑加固、功能提升。传统与现代的结合，正一点一点地渗透到鹭江老城中，发挥着更多的示范与催化效应。实践表明，旧城更新中的场所营造有效地改善了旧城社会、经济、文化等方面的条件，为我国未来的城市更新提供了有效的探索。

厦门老城区的街巷鸟瞰图

从“三旧”改造、土地整备到市地重划
佛山市南海区集体建设用地更新的探索

□ 袁奇峰 华南理工大学教授，中国城市规划学会常务理事
梁小薇 广东财经大学地理与旅游学院讲师
项振海 昆明理工大学讲师，中山大学地理科学与规划学院博士研究生

“量”高“质”低的非农化

改革开放以来，珠三角地区的经济发展取得了举世瞩目的成就。若按经济、人口等指标计算城市化率，珠三角的农村城市化已达相当高的水平，现实中却呈现出被称作“半城半乡”或“城乡一样化”的独特城乡空间景观，急剧扩张的非农建设用地在区域中呈“面”状展开，各类土地利用斑块混杂交错，形成“马赛克”式的土地利用景观。

珠三角的农村城市化实际上是一种基于非农化村庄集合的模式，每个村庄都是一个独立的发展主体，在村集体的经营管理下对村域的集体土地进行统筹开发。在空间上形成村庄拼贴构成的均质化地域形态，这一模式最重要的特征体现在“统筹单位”和“土地产权”两方面：一是以农村集体组织为统筹单位，在村域尺度统筹发展；二是以集体土地产权为主进行土地开发。这两点结合起来不仅是非农化村庄形成并发展的原因，更是形成当前珠三角城市化状态的根源，在经济、人口、土地利用等方面展现出与苏南农村城市化地区完全不同的景象。

作为珠江三角洲城市扩张的典型方式，“量”高“质”低的集体建设用地扩张方式导致大量土地低效利用、新增建设用地资源枯竭、空间的破碎化和社会异化。在经历了城市的高速蔓延与扩张之后，国家的土地供应政策日益收紧，城市发展开始从“增量扩张”向“存量挖潜”转型。

城市更新成为珠江三角洲城市二次开发的重要工具。但是目前市场主导的“三旧”改造引发房地产开发对产业用地的挤出效应，而政府主导的“土地整备”又如何才能平衡局部与整体、近期与长远、公共与私人间的利益呢？

资料来源：杨廉，袁奇峰．基于村庄集体土地开发的农村城市化模式研究——佛山市南海区为例 [J]. 城市规划学刊,2012(6):34-41.

珠三角与苏南地区农村城市化模式的特征对比

	珠三角地区	苏南地区
经济	1. 发展初期“六个轮子一起转”，以村级乡镇企业和私营企业为主，企业规模偏小；目前，外资和民营“双轮驱动” 2. 产业非农化程度高 3. 工业布局分散，既有市级工业园区，也有村级工业小区，并以后者居多	1. 发展初期乡镇企业为主，政府出面组织，企业规模较大；目前，外资和民营“双轮驱动” 2. 产业非农化程度高 3. 工业布局集中于镇级、市级工业园区
人口	就业结构非农化程度高，居住空间聚集程度低	就业结构非农化程度高，居住向镇区集中
土地利用	1. 非农化程度高，达 50% 以上 2. 村域范围内划分三区：农业保护区、工业开发区、商贸住宅区 3. 一系列村域内用地布局相对合理的村庄组合在一起，出现“合成谬误”——“马赛克”式的土地利用景观	1. 非农化程度适中，占 20%~30% 2. 镇域范围内的三集中：农用地向规模经营集中、工业用地向园区集中、农民住宅用地向镇区集中
城乡空间格局	1. 非农化城区与城市化地区二元并置 2. 非农化地区“半城半乡”	1. 镇区具备一定规模 2. 城乡边界清晰
治理环境	地方政府“放水养鱼，无为而治”	地方政府强干预
发展主体	非农化村庄	建制镇
统筹单位	农村集体组织	镇级政府
土地产权	以集体土地为主	以国有土地为主

市场主导的“三旧”改造：土地财政导向

基于现实土地资源困境和城市二次发展的要求，“三旧”改造成了珠江三角洲地区新型城市化发展的重要推动力。

“三旧”改造的本质是在现有利益格局下构筑利益共同体，以挖掘最大化的土地增值收益为动力。“保存量，分增量”的做法在对吸引原业主和市场力量主动参与更新、实现土地利用效率提升方面的效果十分显著。不仅可以覆盖现有的利益格局与改造成本，还会有盈利，从而达到政府、村集体、村民、开发商等多方共赢的局面。根据统计，2013 年广州市逾四成的建设用地供应来自“三旧”用地，超过 2/3 的土地出让收入来自于“三旧”改造用地。可见，“三旧”改造所取得的经济与环境效益是相当可观的。

但是“三旧”改造过于依赖市场力量，导致城市整体和长远的环境与社会效益被漠视、呈边缘化状态，继而引发社会壁垒的出现、空间失序、社区解体和社会不公等问题。目前 80% 的“三旧”改造项目均是房地产开发项目。住房开发导向的、分散的更新改造决策往往会挑战公共利益，由于土地开发强度的大幅度提高加剧了公共服务设施的供需矛盾。据统计，按改造后的开发面积总量，深圳市起码有 100 所小学的配套有缺口，这意味着公共服务设施缺失的代价直接被转移至政府和公众身上，且对产业引进，公共服务和基础设施建设的贡献程度也十分有限。

“三旧”改造政策背景下的珠三角旧村改造外部协商机制

政府
提供政策、规划和基础设施
获取土地增值收益
获取土地增值收益
正规土地市场
获取土地增值收益
提供土地
提供资本
外部协商
外部协商
村集体
外部协商
市场

资料来源：袁奇峰，钱天乐，杨廉．“内卷化”约束视角下的珠江三角洲地区旧村改造——以佛山市南海区 XB 村为例 [J]. 现代城市研究 ,2016(10):46-52.

珠三角的旧村改造本质上隐含着变革与创新。在没有改变现行土地制度和城市建设制度的前提下，尊重农民既有的土地财产权利，搭建一个地方政府、村集体、开发商等相关利益主体参与的协商平台，围绕土地增值收益分配展开博弈并达成共识，让集体建设用地进入正规的土地市场，实现土地的潜在价值。

“三旧”改造政策背景下的珠三角旧村改造内部协商机制

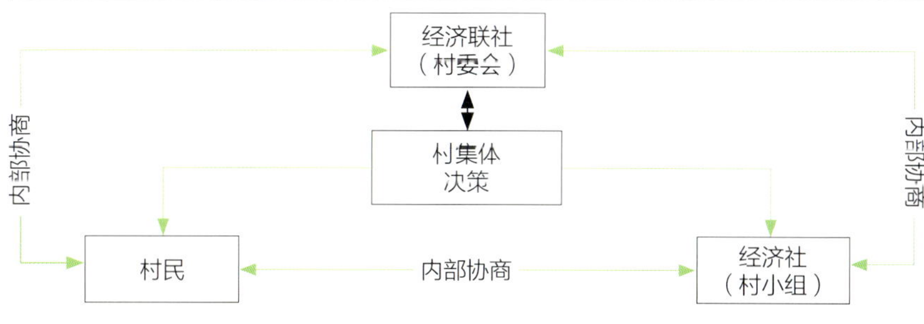

早在 1980 年代推行农村集体土地股份合作制后，珠三角的村集体组织已经成为集体土地实际的所有者和控制者。村集体内部存在村委会（经联社）、村民小组（经济社）和村民 3 个利益相关主体，三者在集体组织运作过程中的相互作用，对旧村改造产生直接而重要的影响。

村组两级的经营管理模式

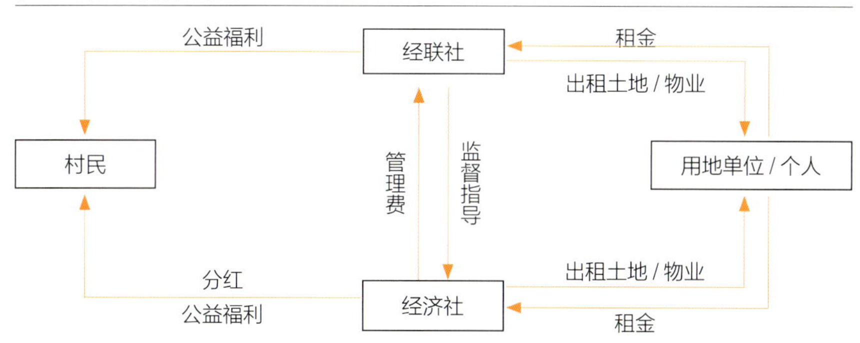

在实行土地股份合作制以后，集体土地的所有权归属已被清晰界定，基本格局是由经联社（村委会）和经济社（村民小组）分别所有。以南海 XB 村为例，1 个经联社和 5 个经济社分别拥有一定比例的集体土地，实际上 1 个行政村的集体经济由 6 个相互独立的经营单位共同组成，每个经营单位自行负责所掌握土地的规划、开发和出租，原则上经济社接受经联社的监督与指导。

政府主导的“土地整备”：产业发展导向

土地整备一词最早出现在《深圳市人民政府关于推进土地整备工作的若干意见》(深府〔2011〕102号)。其中第三条明确提出：“土地整备工作立足于实现公共利益和城市整体利益的需要，综合运用收回土地使用权、房屋征收、土地收购、征转地历史遗留问题处理，填海(填江)造地等多种方式，对零散用地进行整合，并进行土地清理及土地前期开发，统一纳入全市土地储备。”

土地整备作为深圳市土地资源紧约束下发展的创新工具，包括土地收购、土地征收、配套基础设施建设等，服务于城市规划和土地利用规划的实施。本质是将土地资产运营的理念贯穿于全过程，统筹协调解决城市存量土地再开发的难题，从而实现土地整备与产业结构转型，公共基础设施建设及民生、环保工程等重大项目落地的充分结合，保障和促进城市的科学发展。

作为深圳市市政府主导推进的存量土地再开发利用的重要模式之一，土地整备已成了与“三旧”改造并驾齐驱的城市更新的“两驾马车”之一，形成了以政府和市场双轮驱动的存量用地二次开发运作机制，在新一轮的城市发展建设过程中，在促进产业转型升级、保障公共基础设施及重大项目建设方面都发挥着供给侧改革的作用。

经历1992年特区内统一征地和2004年特区外统一转地之后，深圳市实质上于2005年已从法律上实现了行政辖区内的土地所有权国有化，政府成了唯一合法的开发与再开发的主导者，为深圳市的土地整备道路扫清了不少障碍。同时，深圳市作为副省级城市，具有行政立法权，享有省一级的经济和社会管理权限。但是，由于补偿不到位、依据不充分，导致在特区外大量原农村集体范围内的建设用地仍由农村集体经济组织或原村民掌控，形成“法外控制权”。深圳市的土地整备模式并不能完全适用于特区外的地区，在珠三角的其他大部分地区，更是难以被简单的复制和借鉴。

集体建设用地上的“土地整备”——佛山市南海区的实践

佛山市南海区是一个典型的自下而上的农村工业化地区，城市建设用地已占到全区土地的50%，其中的60%为集体建设用地。由于较早推行了土地股份制，南海区的农村集体经济组织成为拥有集体土地的当然主体，承担着“统筹单位”的角色，在村庄的发展中扮演着更为重要的角色，在村庄的建设和发展上具有较大的话语权。然而，村集体作为决定村庄发展的“统筹单位”，也会导致集体土地无法得到最有效的开发，导致村庄发展陷入“内卷化”[①]的困境中。

南海区的“三旧”改造是一场为农村集体建设用地“赋权”的运动，即通过土地确认权承认农民对集体建设用地拥有完全产权，通过改造将原来已经开发但是产权不完整的集体建设用地转变为享有完整产权的、合法的国有用地，通过土地的“正规化”使用，推动农村集体建设用地实现由“资产”到“资本”的转化，使之成为可以在市场上完全自由流通和融资的“资本”，为打破城乡建设用地“二元”困局、节约集约土地探索了一条有效可行的途径。而改造过程中如何平衡地方政府、开发商、村集体和村民等各方的利益则是能否推动“三旧”改造的关键，南海区农村集体较高的谈判能力让村集体在“三旧”改造中获取了巨大的土地增值收益，千灯湖万达广场项目、大沥联滘地区改造等“三旧”改造项目的成功，推动了“工业南海”逐渐向“城市南海”转型。

1994年以后，分税制的实行使城市政府的财政收入主要依赖于土地财政及产业税收。然而，土地财政实质上是对未来数十年的土地收益的一次性预支，因此，并不是一项持续性的财政收入。相反，产业税收就如涓涓细流，长期且稳定地供应地方政府的财政收入。

① 内卷化(involution)，又译为“过密化”，用以描述一类社会文化的发展模式，即当达到了某种最终的形态以后，既没有办法稳定下来，也没有办法使自己转变到新的形态，取而代之的是不断地在内部变得更加复杂。黄宗智把内卷化定义为“在有限的土地上投入大量的劳动力，来获得总产量增长，但边际效益递减的方式”，认为这是一种“没有发展的增长”，即“过密性增长”。本文的“内卷化”指的是缺乏发展的增长模式。

由于现行市场主导的“三旧”改造，大部分收益归属于土地原业主（村集体）和开发商，所以他们更倾向于能够带来超额收益的房地产项目或者商业项目，这就对城市的其他功能用地产生了挤出效应——产业用地锐减、优势产业外迁，社会公益项目、公共服务和基础设施配套项目难以落地，政府的战略措施难以得到贯彻和实施，大量工业和村庄用地转为房地产开发项目，虽然政府可以获得巨额的短期土地收益，却埋下了长期产业财政税基收缩的隐患。

南海区区政府根据自身自下而上的城市化的特点，为推进新型城镇化建设，促进产业转型升级，制定并强力推行“工业用地保护线”，将大部分还未被改造的村级工业园划入保护范围。“土地整备”开始成为南海存量地区土地二次开发的新工具。

2016 年 10 月 17 号，全国首个农村集体经营性建设用地整备中心在南海区挂牌，10 月 20 日，《佛山市南海区农村集体经营性建设用地整备管理试行办法》发布，其目的：一是落实规划期内重点区域和重大项目的建设用地需求；二是提高城市土地的使用效率，实现城市建设用地的集约利用；三是打造一系列高品质的产业载体，为南海区的产业转型升级提供用地保障；四是加大城市规划在建设用地管理中的主导作用，强化规划对用地开发的空间统筹和协调，促进城市资源的合理配置。

南海区集体土地整备制度流程

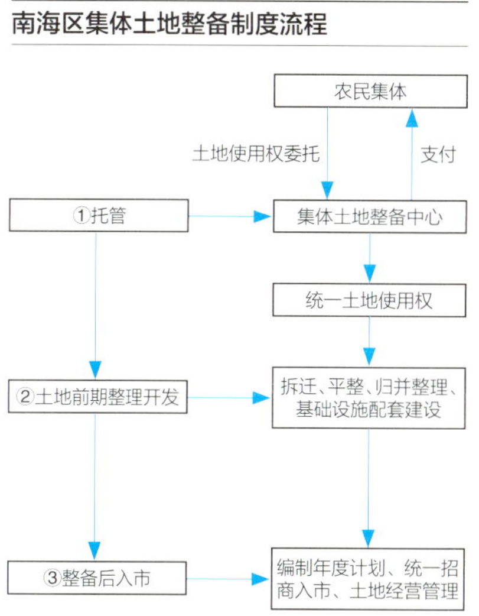

资料来源：梁小薇，项振海，袁奇峰．从三旧改造、土地整备到市地重划——以佛山市南海区集体建设用地更新为例 [J]. 城市建筑 ,2018(18):32-36.

与深圳市的土地整备不同，为得到农村集体经济组织的支持，南海区提出了一套针对产业用地的“土地整备”模式，在不改变集体土地属性的前提下，由政府出面对低效用地进行土地托管，通过地块整合、基础设施配建，招商引资、引进优质企业、落实产业项目，推动产业税基健康发展，即不采用“收储”的做法，而是由政府“托管”集体建设用地——村集体将一定期限内的集体土地使用权委托给土地整备中心，由土地整备中心代表村集体经济组织对土地使用权进行处置、经营，并与农村集体组织及村民共同分享土地经营收益。

托管方案经村集体经济组织民主决策议事程序表决同意后，经过区、镇两级人民政府的审查后，集体土地整备中心与村集体经济组织签订《农村集体经营性建设用地使用权托管协议》。托管协议签订后，村集体经济组织按规定将不动产权属证书移交给集体土地整备中心。取得集体建设用地后，集体土地整备中心可委托区、镇两级政府属下的全资公有企业或通过政府采购进行土地前期整理开发。通过土地前期整理、配建基础设施后，统一开发，统一入市。

南海区的“土地整备”是针对产业用地的二次开发模式，这种做法给予投资方更多的信心，他们的对接方也从过往的各村村集体转变为南海区或各镇街的集体土地整备中心，极大地避免了企业和村集体发生纠纷的情况，因此，更多的大企业愿意选择落户南海区，并承租更长期、更大面积的集体土地。九江镇九江大道河清段附近的 100 多亩集体土地通过九江镇集体土地整备中心，将建起产业载体，拟引进高端医卫用无纺布相关产业或新材料产业。通过集体土地整备，低端的产业载体被改造成高端的产业园区，不仅推动了产业升级，改善了周边环境，更增加了村民的收入。

土地整备为南海区带来了新的产业项目，农民获得稳定的租金收入的同时，政府也得到了税收，而这正是南海区区政府开展集体土地整备的最主要目标。在产业用地方面，政府的做法是“以土地入股产业发展，通过税收获取投资收益”，即“以空间换发展，以土地换税收”。南海区大沥镇的太平工业园引进的“乐宜嘉”项目就是这样一个典型案例，由于引进的企业希望获得国有土地使用权，镇政府宁可高价收购集体建设用地，将其转为国有用地后再按工业地价供地给企业，政府看似“吃亏”，实质上是将招商引资的财政“暗补”变“明补”，以“短期”财政投入换取“长期”税收。

可持续发展的“市地重划”：推动公共配套设施落地

中国社会从行政分权、市场分权到社会分权，在分税制改革的背景下，我国的城市政府是负“完全财政责任”的“企业化”政府。近 30 年以来，在我国的城市开发阶段，存在以下两种城市化模式。

1. 自上而下，基于城市土地公有制、农村用地必须通过征用才能转为建设用地的制度设计，地方政府利用国有土地的市场化改革积累了大量资本，推动了城市基础设施的现代化。另外，国有土地使用权转让制度使土地使用权日益清晰和细分，而物权法明确住宅土地使用权到期无需条件即可自动续期，事实上承认了住宅用地的“永佃制”。

2. 自下而上，基于集体建设用地制度，在东莞市、佛山市的南海区、顺德区等这些珠江三角洲传统农业地区，农村社区工业化推动了“就地城镇化”。村庄通过集体经济合作组织成为一个个相对独立的、经营村域土地资源的、主动追求土地非农化租金收益的、推动集体经济发展的、承担村民土地分红和提供参与基本公共服务的利益共同体。同时兼有村民自治权和土地经营权的“村社共同体”掌握了大量的集体建设用地资源，经营收益总量巨大。

随着城市化的高速发展期趋于结束，城市建设对土地财政的需求在减少，新常态来临。随着市场经济体制的逐渐成形，产权的分散与保护进程同步的结果就是利益的多元化，存量建设用地的改造必然会因为利益的多元化而导致冲突的常态化。无论是“自上而下”还是“自下而上”的城市化地区，珠江三角洲地区城市更新都面临着高额的交易成本，城镇化正面临着从低成本的“数量阶段”向高成本的“质量阶段”转变的趋势。

正是因为城市更新中利益博弈的常态化，所以必须以规划的前置加强土地开发权管制，把住房土地从资产转为资本的关口，推行市地重划——在一个规划合理的改造单元内，通过城市规划提升原来的土地价值和土地利用效率，保障公共设施建设所需的土地，将建设用地重新调整为更合理的状态。

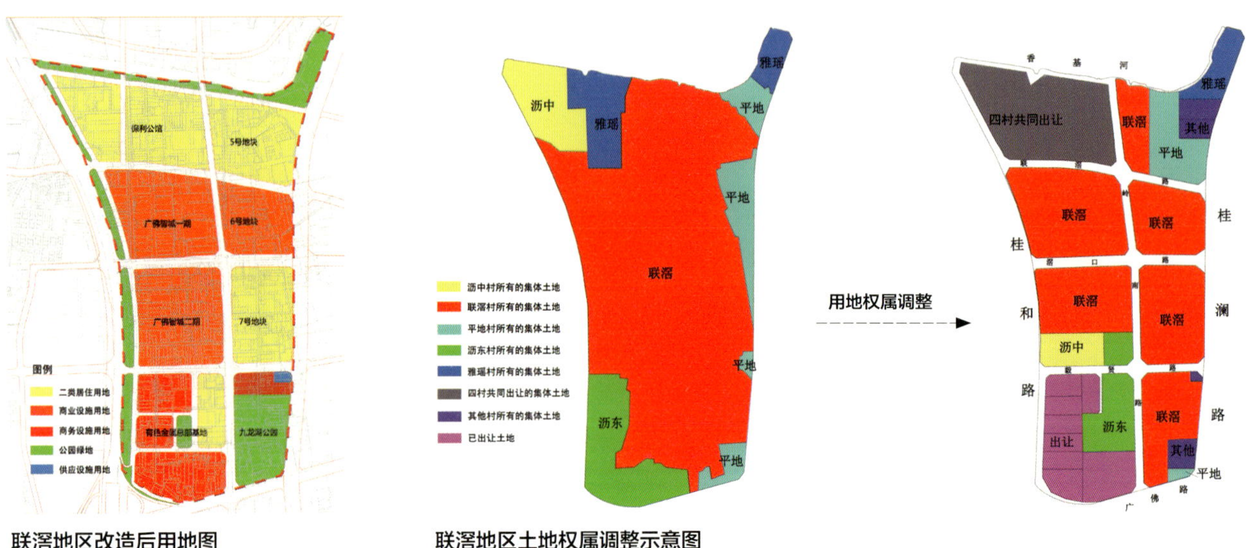

联滘地区改造后用地图

联滘地区土地权属调整示意图

南海区集体土地整备制度流程

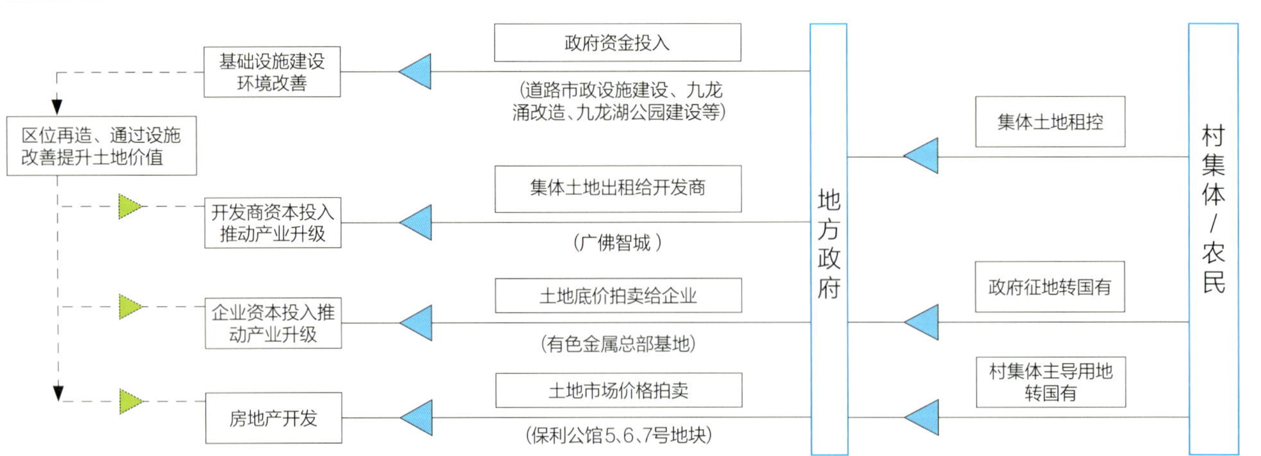

资料来源：袁奇峰，钱天乐，郭炎．重建“社会资本”推动城市更新——联滘地区“三旧”改造中协商型发展联盟的构建 [J]. 城市规划，2015(9):64-73.

原业主、开发商或者政府都有各自的利益，更新规划应该站在一个中立的立场，通过改造策划把财务方案公开出来，让政府来判断该不该做，让开发商来看值不值得做，原业主觉得愿不愿意做。南海区大沥镇联滘地区的改造由于涉及多个利益主体，必须超越宗地，成片改造，在政府的协调下，各村之间依据规划道路按比例重新调整用地，目的是为了落实基础设施建设、公共设施配套，并保证开发地块的相对完整性。面临建成区复杂的利益格局，围绕一众目标，将利益博弈公开化。政府承担项目的发起、界定利益边界、厘清法务条件、评估社会风险、配置资源、平衡利益格局、导入产业等功能，形成能够维持城市更新收支基本平衡的"项目包"。调地完成后，各村用地的物理边界变得清晰，一部分土地被用于公共服务或基础设施建设，使区内的各公益性项目得以落实，使项目博弈的各方变成利益共同体，可以把项目更新中的阻力变为动力。

南海区桂城街道夏北村是一个行政村，属两级经济，即行政村的集体经济联合社（以下简称经联社）负责提供公共服务，而原生产队的农村经济合作社（以下简称经济社）负责土地经营分红。在整村改造过程中，我们就采用了类似于"市地重划"的做法，对公益性项目、公共服务设施及基础设施配套加以落实。

夏北村共有6个经济主体，即1个经联社和5个经济社。6个经济主体都分别拥有一定比例的集体用地。不同区位、面积等差异导致不同经营单位存在巨大的收入差距，整村改造难以落实，规划的公共服务设施难以落地。

城市更新必须按规划人口落实公益性项目、公共服务设施及基础设施用地，各经济社和村民却不愿意提供自己的土地来建设公共配套设施。经过多轮协商后，各经济主体最终同意公共配套设施用地全部使用经联社的土地，位置由控制性详细规划确定，落位在谁的用地上，谁就通过土地权属调整与经联社的用地，进行等量交换，由于经联社的土地经营收益本来就是用于村庄公共服务的，所以最终夏北村的所有公共服务设施都布置于经联社的土地上也是合理的。通过"市地重划"，夏北村的公共配套设施得以落实。

夏北村公共配套设施用地布置图

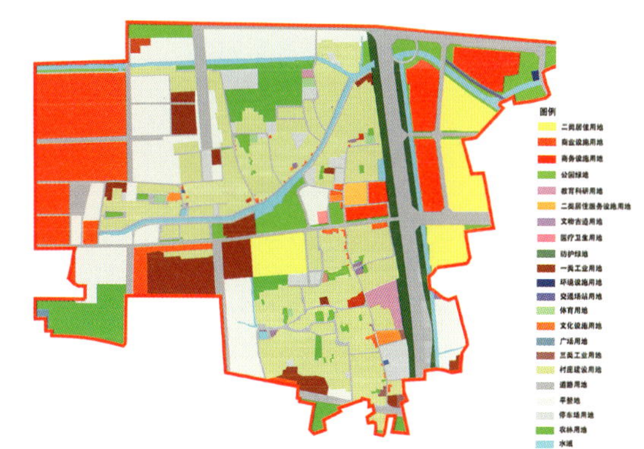

夏北村土地调整示意图（上图为现状用地，下图为规划用地）

资料来源：梁小薇，项振海，袁奇峰．从三旧改造、土地整备到市地重划——以佛山市南海区集体建设用地更新为例[J]．城市建筑，2018(18):32-36.

小结：城市更新的三种工具

城市更新不能仅仅是资本"空间生产"的工具，只考虑土地财政和产业财政显然是不够的，要保障城市的持续健康发展，还有必要进一步明确整体、长期和公共利益的导向。

在经营性的项目上，可以以市场为主体，采用"三旧"改造的模式落实土地的二次开发。

在产业项目上，要采用政府主导的土地整备的方式规整土地，引进优质产业。

在公益性项目、公共服务设施及基础设施项目上，政府要发挥城市规划的作用，做好主导者和协调者结合的角色，通过市地重划确保产业、生态环境、公共服务和基础设施"三个前置"。要区分城市更新地块的尺度，针对大尺度地块，可以通过改造策划，在平衡利益的前提下直接落实设施用地。对小尺度地块进行改造则应该依据城市规划为公益性项目、公共服务设施及基础设施配套预留部分土地，或收取相应的费用作为对价。

参考文献：
1. 梁小薇，项振海，袁奇峰．从三旧改造、土地整备到市地重划——以佛山市南海区集体建设用地更新为例[J]．城市建筑，2018(18):32-36.
2. 杨廉，袁奇峰．基于村庄集体土地开发的农村城市化模式研究——佛山市南海区为例[J]．城市规划学刊，2012(6):34-41.
3. 袁奇峰，钱天乐，杨廉．"内卷化"约束视角下的珠江三角洲地区旧村改造——以佛山市南海区XB村为例[J]．现代城市研究，2016(10):46-52.
4. 袁奇峰，钱天乐，郭炎．重建"社会资本"推动城市更新——联滘地区"三旧"改造中协商型发展联盟的构建[J]．城市规划，2015(9):64-73.

文化重塑工业遗产新价值
国际艺术城视野下，上海宝钢工业遗存的转型与更新

□ 陈志刚 上海美术学院数码艺术系负责人 上海吴淞国际艺术城发展研究院项目总监

城市工业遗产记录了经济社会发展的时代特征和历史风貌，是工业化开拓者创造并遗留给我们的历史财富，是文化遗产的重要组成部分。在日新月异的城市变迁中，如何更好地将现当代工业遗存与城市文化、都市生活有机融合，工业遗产如何促进文化艺术创意设计产业集聚，带动区域产业转型发展，尤其在后工业化时代和经济社会转型发展的新阶段，加强工业遗产的保护、管理和利用，对于人类先进文化的保存，彰显城市文化底蕴与特色，推动地区经济社会可持续发展，具有十分重要的意义。

习近平总书记在保护文化遗产纪事中曾提到："历史文化是城市的灵魂，要像爱惜自己的生命一样保护好城市历史文化遗产，要处理好城市改造开发和历史文化遗产保护利用的关系，切实做到在保护中发展、在发展中保护。"上海新一轮城市总体规划中提出城市愿景：卓越的全球城市，目标是建设更具活力的创新之城、更富魅力的人文之城、更具可持续发展的生态之城。在上海 2035 的规划中，宝钢所在的吴淞地区，有 26km² 的工业区将成为上海的副中心，而宝钢不锈钢区域作为规划中的重点区域在未来地块转型过程中将发挥着重要的作用。

宝武一直是上海发展的重要引领者
Baowu has always been an important leader in the development of Shanghai

2016 年，上海市、宝山区、宝武集团、上海大学共建上海美术学院，并将该区域作为宝钢不锈钢厂地块转型升级的支点，将艺术产业作为吴淞地区整体转型的源动力，将吴淞地区共建成为融合艺术教育、艺术金融、艺术展演、艺术旅游、艺术科技、艺术地产等多种业态的“上海吴淞国际艺术城”，尝试构建以文化重塑工业遗产的“上海方案”。

转型期的工业遗存被赋予了重塑价值的全新机会，以艺术、工业、城市、可持续、转型等为主题，针对当代教育、科技、产业发展过程中的新趋势、新目标、新模式，围绕“国际艺术城”视野下工业遗产的蝶变开展探讨，将为我国工业遗存的价值再生提供新的解决思路。

通过公共艺术唤醒工业灵魂

钢铁工业文明的辉煌遗产

宝钢工业遗存改造与更新的思路

国际工业遗产保护协会秘书长斯蒂芬 · 修斯提出 :“工业遗存的保护，不仅仅是一个单纯的场区、建筑体等躯壳的保护，更重要的是要留下工业的记忆。它能够以非常生动的方式，呈现出旧时光里的机器设备、生产流程和工艺，还能够通过网络让更多人了解 ; 并且这些工业旧址，也与当地的社区和居民密切相关。因此工业遗产改造的原则是，在忘记建筑固有的功能之前，将其记录下来，然后再考虑应用。只有工业设备、流程和工艺留下来，才能留住故事，留下历史。中国作为世界最大经济体之一，可以在工业建筑再利用时投入更多资源，并且从其他国家的项目中汲取经验，让规划做得更加细致、更加妥善有效。”

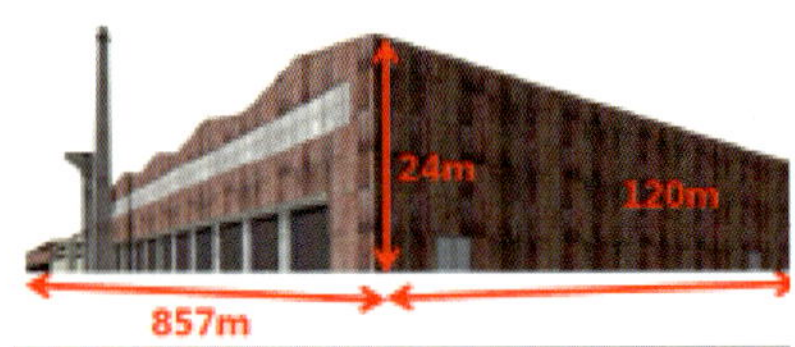

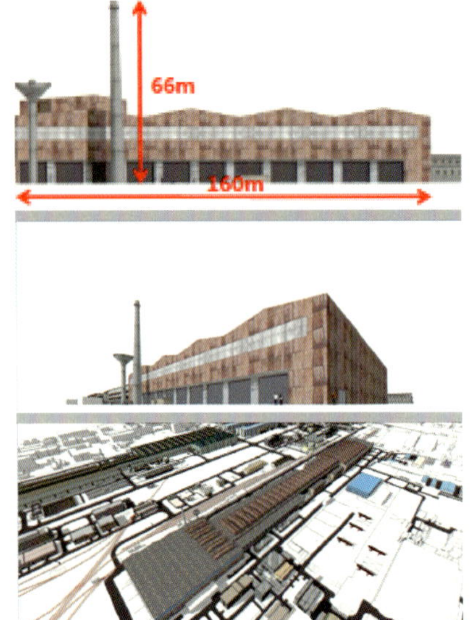

在地块转型中与美术学院推进国际艺术城建设，加强地块的文化创意创业功能

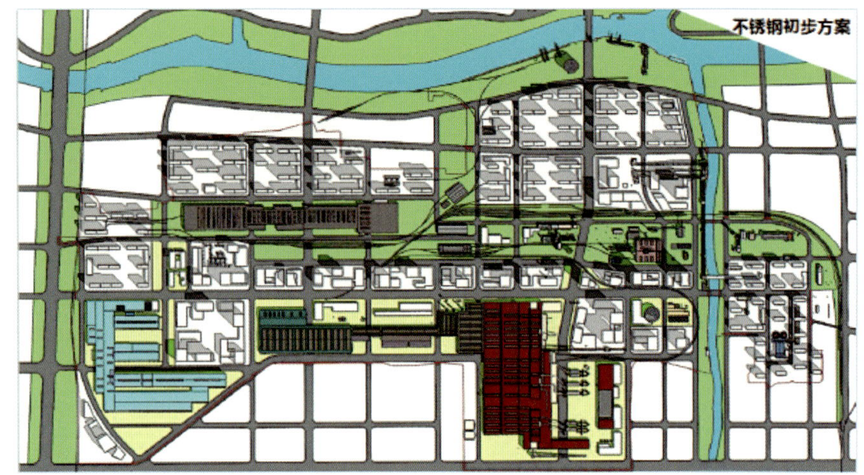

宝武校区与国际艺术城建设

位于宝山长江边 3.25km^2 的宝钢"不锈钢厂地块"，是一处拥有厂房、码头、铁路的工业遗存，2017 年全面停止生产，是在目前吴淞工业区整体转型工作中具有代表性的区域。宝武集团在该地块如何进行转型和更新，前期已开展了大量的工作，也邀请了国内外的相关研究机构针对吴淞工业区和不锈钢地块转型更新定位进行了系统的研究。2017 年 7 月 6 日，上海大学上海美术学院与上海市教委、市文广局及中华艺术宫、刘海粟美术馆、上海中国画院、上海油画雕塑院签署"文教结合共建协议"，上海吴淞国际艺术城发展研究院揭牌，一种为大型城市工业遗产建立可持续发展模式的探索正式启动。

改造计划中，不锈钢厂原有的 70 多个设施将保留 7 个，并依托其原有结构发挥新的作用。2020 年，上海大学、上海美术学院将入驻其型钢车间，作为核心教学区建成开放式大学;其他标志性的炼钢厂房、炼铁高炉、煤气柜、冷轧厂房等，将变身美术馆、音乐厅、酒店等文化旅游场所。

宝钢不锈钢厂区工业遗存的转型更新实践，将现当代工业记忆、国际都市生活有机融合，促进文化艺术创意设计产业集聚，带动区域产业转型发展；应对城市功能转型新挑战，推动吴淞工业区整体转型和城市副中心建设。同时也是学校、政府、企业共同合作，依托宝钢工业遗存的丰厚资源，以艺术教育为核心动力，为城市更新、艺术教育、企业转型发展打造的"院城融合"的新范式。在上海市、宝山区、宝武集团、上海大学的共同努力下，"上海吴淞国际艺术城"将成为"街区—社区—区"三体合一，城、商、产、学、研"融合—共享—共赢"的艺术资源集聚区，展现"上海文化"标识度，为我国工业遗产的更新和转型，提供公共艺术视角下的解决方案。

联动之无界/ Infinite Communication

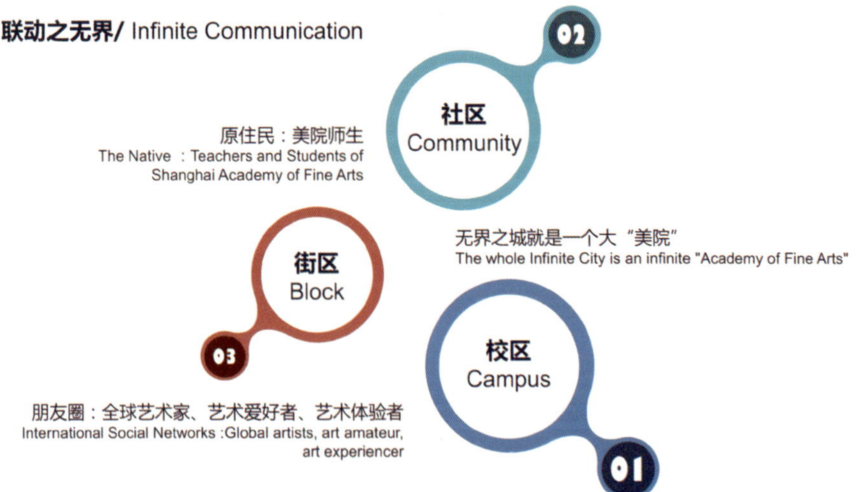

“上海吴淞国际艺术城”将根据英国普利茅斯艺术学院的经验，通过艺术的无界打破空间的隔离，从而提升整个空间的公共性，开发从 3 岁到 90 岁的生命全周期创造力的艺术教育生活空间。居住在艺术城的人，都会成为创造力教育的试验者。而上海美术学院就是这个居住区的第一批原住民和垦荒者。艺术城将拥有自己的“朋友圈”和“生态链”——让全世界的艺术家朋友汇聚于此；让艺术的消费者、经营者纷至沓来；让工业遗存的转型与美院的开放式建设联系起来，重塑一个富有创意，宜人、多元、共享的城市空间，激发城市活力。

“3~90 岁”全生命周期的教育方式

"3~90" Lifelong Education

为了让这个锈迹斑斑的工业遗存变成艺术之家，上海大学上海美术学院召集了一些国际策展人和艺术家、理论家，以创作为主进行项目的规划和实施。早在 2016 年底，上海大学上海美术学院挂牌之初，便以“不锈宝钢”为主题，召集全国九大美术院校的近 200 名师生，创作了 300 件作品。从会议室里的思想碰撞，到现场实地考察，各个领域的工作者各尽其能，期望借助艺术驱动以实现工业遗存的文化转型。

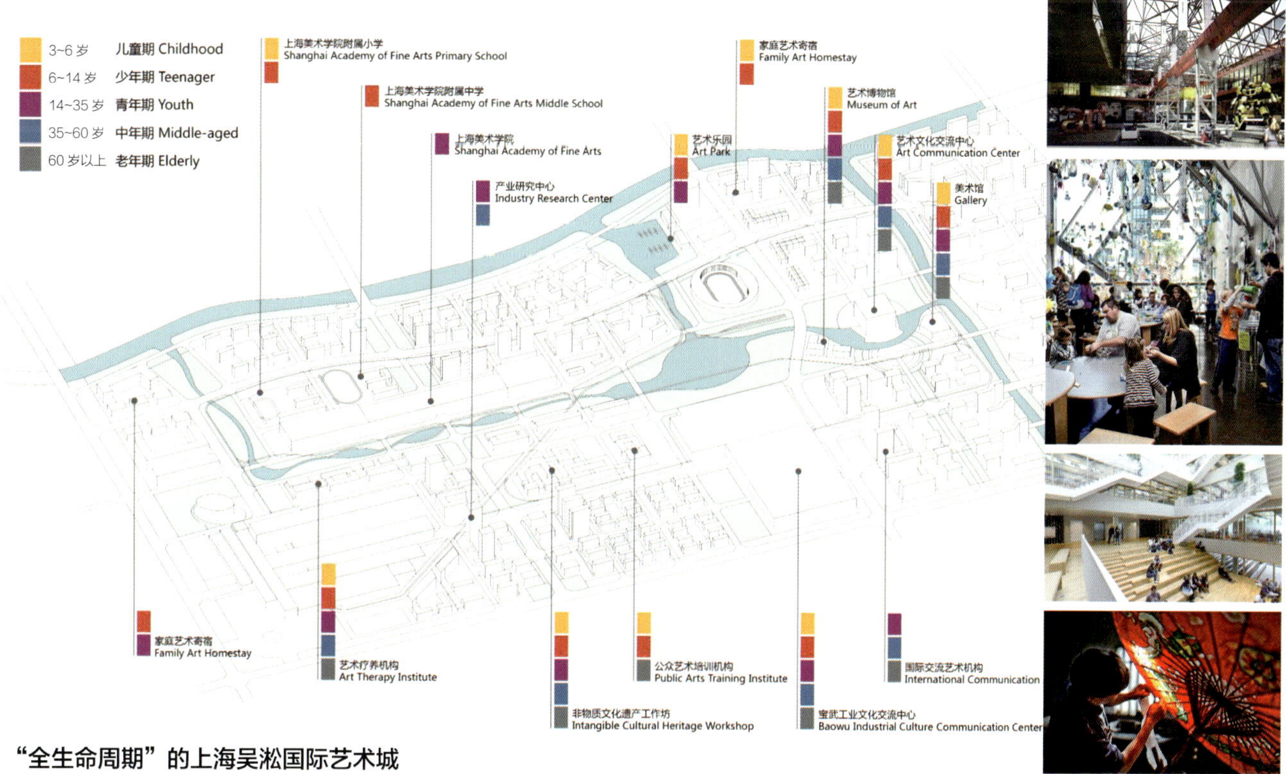

“全生命周期”的上海吴淞国际艺术城

柏林艺术与都市化中心联合创始人哈里·萨克斯关注到宝钢一些具有代表性的场地，以此为背景创作了一组摄影作品，并邀请宝钢工作人员加入到创作中。他希望创作能够和当地的社区、当地的环境联系起来，希望工业废墟场景的再创作和再想象可以勾起人们对那些曾经默默无闻奉献时间、汗水与生命的无名工人的回忆。

尼日利亚生态艺术集体基金会创始人万亚乌利用废弃物等制作了雕塑与装置作品，呼吁人们关注环境，并倡导通过艺术创新实现可持续发展。

为了提升各功能板块的联动性，提高空间的公共性，使工业遗存发挥更大的公共效应，上海吴淞国际艺术城通过建设一批城市公共服务设施，包括公共图书馆、文化馆（站）、博物馆、美术馆、纪念馆、公益性城市公园等，有效提升了上海城市副中心建设的公共服务功能。同时，依托滨水空间及轨道线路，构建以人为本、有利于微循环的慢行系统，并在场所设计上构建了多类型、多层次的活力节点，满足不同类型、不同空间层次的公共活动需求。

联动的功能
Function&Program

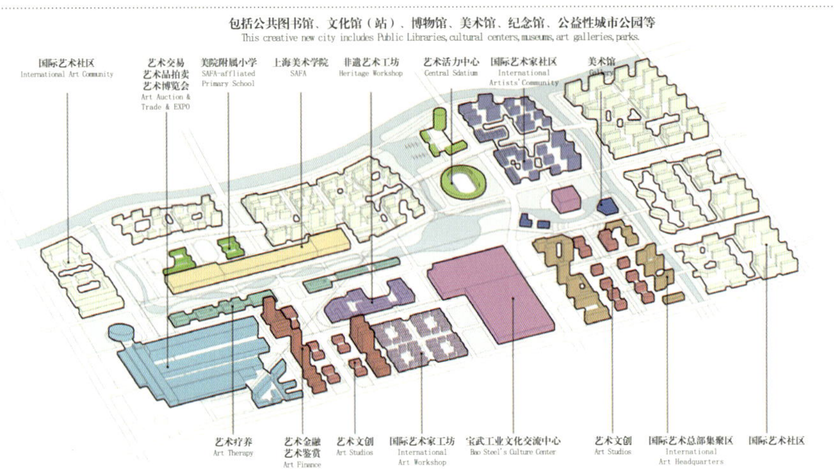

慢行系统
Waterfront
Walkable Networks

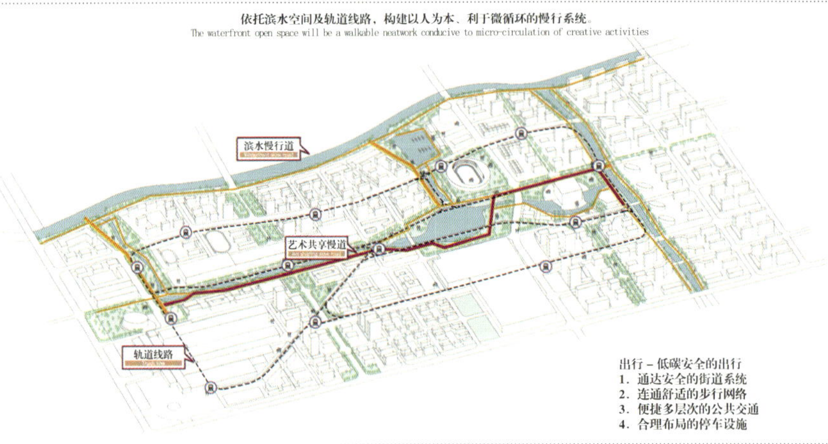

魅力场所
Vibrant place

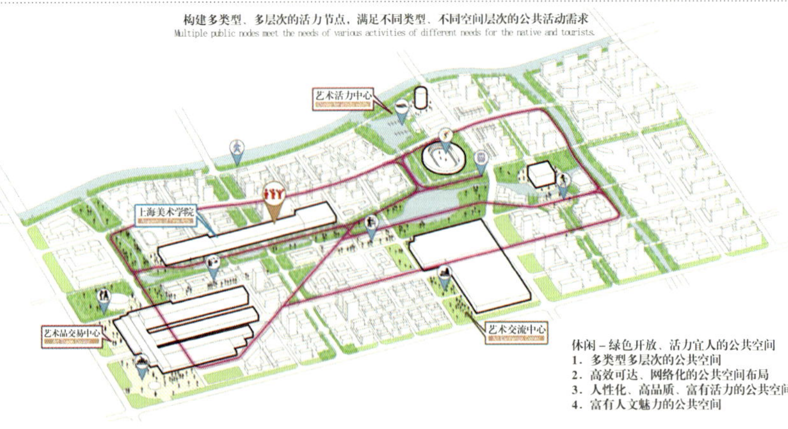

多类型、多层次的活力节点构建

“国际艺术城”范式下宝钢工业遗存转型更新的新举措

国际艺术城主要是面向当代教育、科技、产业发展过程中的新趋势、新目标、新模式，围绕工业遗存转型更新的需求构建全新的“开放、全域、可持续”发展模式，以国际化的艺术教育撬动工业遗存的新生，依托人才基础打造辐射周边主要业态，形成以艺术教育为核心的全新的产业生态圈。同时构建新型的社会组织模式，在功能定位上引领传统的校区、园区和资源集聚区模式，以科学、有机和自治的社会治理方式来驱动都市工业遗存变革，为工业遗存注入新生活力。

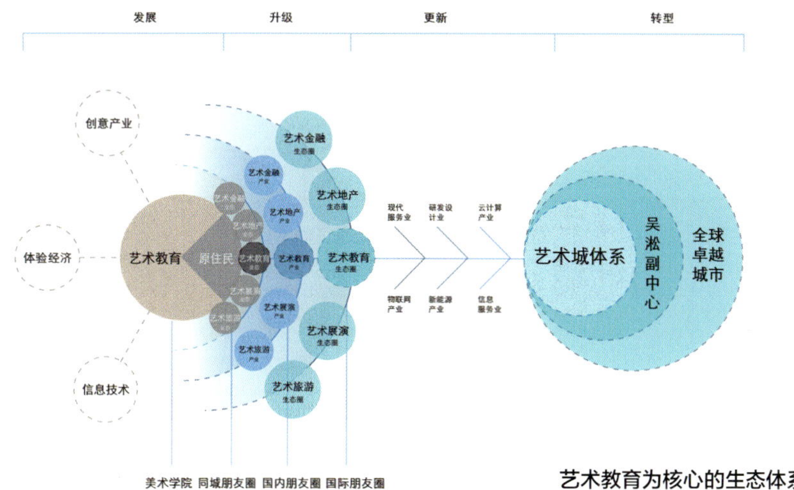

艺术教育为核心的生态体系

研究策略层面

以工业遗存转型更新的国际成熟案例研究为依托，多层面深入剖析国际相关或类似地区的借鉴意义；梳理归纳现有研究成果，包括对吴淞工业区概念规划、转型功能的定位发展研究；深入研究国际国内有代表性的基地工业发展史，借鉴德国、英国、法国、西班牙等欧美国家的优秀案例，提炼工业遗存的艺术和文化价值，探讨艺术如何整合和激活宝钢的工业遗存，构建符合国内发展现状的工业遗存转型和更新的策略体系。

社会治理、社会融入与公众参与层面

引入国际国内的智库资源，邀请了国内外艺术、规划、建筑等专业领域，以及教育、经济、文化、产业、金融等相关领域的专家、学者、艺术家、研究机构等，以驻地研究创作的形式，开展多学科、跨文化、跨领域的开放式讨论，从多元交叉，协同创新的视角共同探讨如何重建该区域的认同体系及“在地性”特征。

实施机制层面

通过系列的国际论坛、艺术节等，持续地发挥“艺术 +”的影响力，逐步建立艺术介入研究的方法体系。同时研究并制定科学合理的实施路径与保障机制，如工业文化遗产保护与再生机制、社区共治与公众参与机制、互联网等新技术应用与众创研究机制，以及国际国内专家智库的共商决策咨询与参谋机制等，形成具有吴淞地区特色的转型更新的新范式。

随着全球经济格局的不断调整，国内产业结构升级和发展方式的转变，如何“有序开展城市更新，充分体现以人为本，盘活用好存量土地资源”成为上海在后工业时代的重要研究课题。而吴淞工业区作为上海传统的工业基地，将艺术教育、艺术实践、展陈研究、艺术市场等聚合在一起，以科学的社会治理方式，驱动都市工业遗存的变革，熔铸其在文化重塑中的作用和地位。在其所构建的全新的“开放、全域、可持续”的发展模式的驱动下，吴淞工业区将成为上海的文化新地标，为“上海文化”品牌增添新的“标识度”，为中国城市工业遗产的保护，博物馆、美术馆的建造，以及艺术聚落的社会治理、社会融入与公众参与提供新的方案和新的可能。

角色转换：探索传统工业园区的转型之路

□ 麦肯锡全球研究院　李广宇，吕文博，吉雅图

中国的传统工业园区应尽快完成从龙头项目招商者到产业生态塑造者，从园区管理者到城市服务者的角色转换。

过去数十年中国经济的崛起，大大小小的工业园区可谓功不可没。除了为各地带来不菲的税收，贡献了显著的GDP，还催生了地方政府经营城市和土地的积极性，不断扩大着城市边界和建设用地规模。但与此同时，传统工业园区也面临着日益严峻的发展问题，主要表现在：产业结构单一、土地厂房闲置、与周边区域的连通性差、功能配套严重不足、就业和消费结构不匹配等。尤其在当下以智能制造为代表的产业升级和新一轮城市更新的双重冲击之下，中国经济曾经的助推器——数以千计的传统工业园区正变得越来越不合时宜。

纵观海内外的园区转型实践，不乏应对产业、城市演进冲击的优秀案例，从中我们总结出两种典型的模式，供中国的工业园区借鉴。

模式一：产业升级牵引型

代表案例：新加坡裕廊工业园

图片来源：http://mediatataruang.com/wp-content/uploads/2016/04/jurong.jpg

图片来源：http://mediatataruang.com/wp-content/uploads/2016/04/jurong4.jpg

裕廊工业园区位于新加坡岛西南部滨海地带，是起步于 1960 年代的老牌园区，几十年来始终秉持以产业升级牵引园区转型发展的模式。自 2013 年以来，裕廊工业园开始致力于打造工业 4.0 时代的“未来园区”：在产业方面，通过打造 Maker's Space 等协同创新加速平台吸引机器人技术、智能硬件、人工智能等尖端领域的创新创业企业，短短时间已吸引 100 余家细分领域领军企业的 470 亿美元投资。同时，园区本身也是新加坡“智慧国”计划的重要试验基地，园区内装有数千个传感器，有超过 20 家公司和机构一同开展数十项智慧城市应用的研发，包括社区服务机器人、无人驾驶系统、残疾人辅助智能装备等。在城市建设方面，裕廊未来园区围绕新产业创新、创业、创意人才的需求进行改造，打造垂直一体化综合产业楼宇、科创人才公寓、全天候的复合式商业配套、5 分钟可达可见的绿地系统等，充分实现“居职平衡”。

这些以产业为牵引的持续创新探索，不仅使得裕廊以新加坡 1/10 的土地贡献了超过 25% 的 GDP，更使其成为新加坡孕育新一代产业的摇篮，堪称工业园区的转型发展典范。

图片来源：https://www.homeanddecor.com.sg/articles/78946-new-innovation-hub-be-developed-jurong-west

模式二：文化创意导入型

代表案例：西班牙毕尔巴鄂工业区

毕尔巴鄂是位于西班牙北部的老工业基地，以铁矿石出口和制铁闻名。但1980 年代以来，随着航运转移、劳动力需求变化等新问题的出现，城市日益衰落，尤其是 1983 年的大洪灾更是触发了一场毁灭性的产业和城市发展危机。

从 1990 年代开始，毕尔巴鄂开始实施以文化、艺术、旅游设施建设为主导的综合性城市复兴计划：包括协同 19 家科研机构和私企采用公私合营方式成立 BM30 协会“智库”，以当地储蓄银行 BBK 作为金融平台对艺术展览馆等文化艺术类旗舰项目的兴建提供支持等。尤其值得一提的是，1991 年政府与古根海姆基金会共同邀请美国建筑大师盖里设计古根海姆博物馆，打造了当地地标性的设施。借力“古根海姆效应”，当地还邀请了多位世界著名的建筑师设计各种标志性建筑，包括日本建筑大师矶崎新设计塔楼、法国设计师菲利普 · 斯塔克改造废旧红酒仓库等。

这一城市复兴计划收到了奇效：建筑和博物馆带来了上亿欧元的收入，门票收入占税收的 4%，带动相关产业收入增长 20% 以上。同时，周边涌现了 2000 多家文创企业，为其他产业增速的 10 倍。20 年间，GDP 工业占比由 49% 下降至 27%，服务业则由 36% 上升至 62%。2010 年，毕尔巴鄂获得有着城市诺贝尔奖之称的“李光耀世界城市奖”，成为以文化创意促区域转型的楷模。

图片来源：http://www.bifilmcommission.com/src/uploads/2015/06/localizaciones_paisajeindustrial_Bizkaia1242.jpg
https://mapio.net/pic/p-11161063/

图片来源：https://www.telegraph.co.uk/travel/destinations/europe/spain/articles/bilbao-weekend-break-w

立足中国的产业和城市发展特点，我们认为中国的工业园区应当有机结合两种模式的特点，围绕以下几个方面着力推动自身的转型：

传统工业园应围绕以下三个方面着力推动自身的角色转换

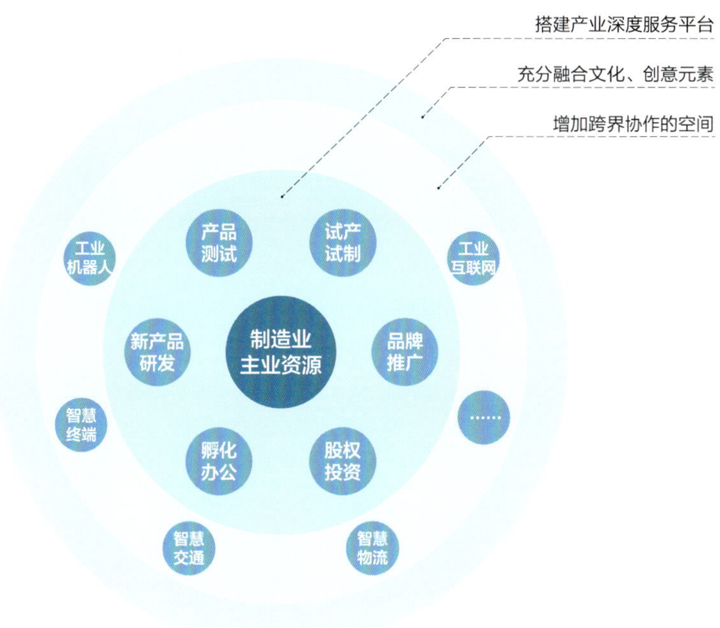

首先，依托主业资源沉淀搭建产业深度服务平台。中国传统工业园区早期的发展壮大往往依赖于一些行业龙头企业的旗舰项目落位，在数十年的发展过程中积累了丰富的产业资源，其中不乏成熟的产品研发系统、领先的检验检测设备、先进的数控设备等，更为关键的是其附着的软性能力，包括新产品研发的项目管理能力、全球的供应链整合能力、关键技术工艺攻关能力等，这些都是亟待转型的传统制造企业和创新型企业所缺乏的核心资源，理应积极吸收好好利用，而不应另起炉灶。依托这些资源搭建研发支持、硬件加速等深度的产业深度服务平台，可以有效帮助创新型企业完成从产品原型到规模化试产的过程转化，有效孵化工业机器人、工业互联网等新兴产业领域，也可作为辐射带动交通、物流等中大型企业智能化改造中的技术交流和人才培养基地，从而成为园区进一步升级的基石。

其次，增加跨界协作的开放空间。下一代的产业生态对于跨界、跨环节协作要求极高。建议园区内增加众创空间、互动交流平台等便于交流协作的空间，以及公共实验室、共享 3D 打印室等开放式的产业服务平台，鼓励跨界灵感碰撞，也方便研发、测试、生产、营销等多环节联动协作，以便更好地服务于创新型产业。另外，园区整体也应增强与周边的通达性，可以考虑设置休憩休闲活动场所，提升整个园区的活力。

再次，充分融入文化、创意元素。随着中国中产阶级消费意识的觉醒，其对于文化、艺术、创意体验的追求日益强烈。在新一代园区中融入相应元素将会极大地增强园区的吸引力，这些元素可以小到是现代艺术雕塑、大到像诚品书店这样的社交体验式旗舰店。成都东郊记忆便是一个成功案例：300 亩的园区有机融合了创意办公、文化演艺、工业展览馆等丰富的业态，既带来了超百亿元的产值，也收获了超百万的人流。

展望未来，随着中国新兴的产业机会的持续喷发，跨界协作必将日渐频繁，人们对于居职平衡、高品质生活的追求也会更强烈。中国的工业园区应尽快完成从龙头项目招商者到产业生态塑造者、从园区管理者到城市服务者的角色转换，从而激发新的发展机会，进入全新的发展阶段。

图片来源：http://bifilmcommission.com/src/uploads/2015/06/localizaciones_paisajeindustrial_Bizkaia4408.jpg

作者谨向同事李媛、赵赫、田露和陈冉对本文的贡献表示诚挚感谢。

李广宇为麦肯锡全球资深董事合伙人，亚太地区基础设施咨询业务及公共部门咨询业务负责人，常驻上海分公司；

吕文博为麦肯锡全球董事合伙人，大中华区公共部门咨询业务负责人、区域经济和产业规划领域领导人，常驻上海分公司；

吉雅图为麦肯锡前项目经理。

城市更新 4.0：迈向卓越的全球城市

□ 戴德梁行大中华区研究部

从城市更新 1.0 到城市更新 4.0

中国的城市更新已经步入更为复杂的城市更新 4.0 阶段。如今，城市更新 4.0 已经开始扎根于中国的城市之中，并将持续引导城市的未来发展。同时，政府也越来越多地参与到新一轮的城市更新浪潮之中。这不仅是为了应对复杂的城市化问题，也是为了提高城市的可持续性、宜居性和经济竞争力，从而促进城市的繁荣发展。

随着新城开发速度放缓，以及城市建设用地的不足，政府开始寻找新的方法以维持经济的高速发展。各地政府希望最大限度地利用现有的城市资源，促进现有土地和物业的高效利用。因此，地方政府和开发商开始越来越多地进行城市更新 / 物业改造，以建立更活跃和更具吸引力的未来城市中心。

与此同时，中国城市的快速发展也为现有城市中心带来了诸多问题。为追求高税收，政府大力发展第三产业并提高住宅密度以容纳日益增长的城市人口，这从城市总体规划到土地转让合同的严格条款中均得以体现。土地转让合同的诸多条款往往倾向于那些愿意长期投资的开发商，目的是实现区域的持续发展。经济利益与居民福利之间的矛盾，成为现阶段城市发展问题的重点。

因此，新一轮的城市更新，特别是我们所说的城市更新 4.0，对缓解现阶段的城市问题具有重大意义。中国快速变化的社会环境，成熟的土地政策和强大的政府决策力，为中国的城市更新创造了难得的机会。与此同时，从广义上说，城市更新的定义也在中国发生着变化。从以往的城市更新经验来看，中国城市通常是通过提供优惠的税收政策吸引外资和企业，刺激第一轮经济增长。而现在，中国的城市更新已经从较为基础的城市用地再开发和政府奖励等方式演变成更为复杂的城市更新 4.0，并将引导中国城市未来的发展。

城市更新 1.0

在中国现代化的发展初期，住宅密度相对较低，开发用地的征收比较简单。这一阶段也被认为是中国的低层次城市更新阶段，被称为“大拆大建”阶段。这一阶段的改建工程主要是街区的全面拆除及重建。“混凝土丛林”这个词就是为形容这种低容积率和低密度的项目而产生的。在这个阶段，城市更新没有真正意义上的主体，开发商或投资者通常处于主导地位，有时甚至直接与政府进行磋商，缺少社区层面的沟通。

城市更新 1.0 目前仍然可以在一些发展相对滞后的地区看到。这些地区往往缺乏充足的规划经验，对城市更新理解不足。而且与环境、现有社区和建筑遗产的保护问题相比，财政问题更可能是他们主要考虑的因素。这些地区的土地价值通常较低，政府面临着较大的经济压力，因而缺乏足够的财政支撑去寻找更为有效的方法。在这种情况下，拆除重建成为一种无奈的选择。

这种早期的城市更新方式无疑解决了一些可能对公共安全构成威胁的问题，如城市衰落、地区荒废，以及老旧建筑存量等。它既能满足开发商寻求利润的需求，也能增加政府的财政收入。然而，这种早期城市更新方式同样带来了很多问题，诸如：项目使用周期短、社区解体、环境破坏和传统流失。但在短时间内，由于其操作简单且成本较低，城市更新 1.0 在一些农村或偏远城市仍然存在。

城市更新 2.0

追求规模与数量是城市更新 2.0 的主要特征。城市更新 2.0 阶段具有更为发达的城市中心、庞大的政府基础设施项目，以及成熟的城镇规划体系。相比于 1.0 阶段，城市更新 2.0 以追求社会共同利益为目标，在应对城市衰退的问题上更为激进且考虑得更加周全。通常，一个政府背景的城市更新机构会参与到这些项目中，并采用综合开发的模式来满足当局和商业投资的需求。在策划过程中也有其他相关利益方的参与，包括私营业主、开发商、个人所有者，以及相关的非政府组织等。

城市更新 2.0 面临的挑战是，政府希望征求多方利益群体的意见，以期各方均能从中受益。城市更新 2.0 项目将与利益团体的磋商过程囊括在内，希望通过合理的赔偿或重新安置的方式来保证规划方案的顺利实施。此外，政府也开始重视土地的利用，以实现土地使用类型与现有社区或企业之间的协调。

城市更新 2.0 阶段的项目拥有一系列优势，如：及时修复和保护了现存建筑，并且往往保留了其突出的建筑特点，这些项目通常可以将老旧的建筑物重新开发改造成具有现代属性和全新用途的物业，不仅可以满足城市现代工作和生活的需要，同时也可以解决建筑结构过时和维护不力的问题；采用富有吸引力的城市设计和提升城市的美学价值；保护特殊景点及具有历史文化和建筑价值的遗产，并尽可能地保留当地的文化特色。

城市更新 3.0

在城市更新 3.0 阶段，城市建设的重点开始从追求体量转向强调质量。2001 年中国加入世贸组织，带动了投资市场的进一步繁荣，城市更新 3.0 应运而生。城市更新 3.0 进程持续至今，这一阶段，中国见证了外资企业在华的蓬勃发展，以及本土企业在国内外市场上的突飞猛进。

城市更新 3.0 见证了 21 世纪优质物业需求的快速增长，尤其是在一线城市和一些发达的二线城市。随着跨国公司和顶级本土企业数量的增多，写字楼、零售、工业，以及酒店的开发商、业主都开始重新审视自身存在的问题，并意识到真正优质的物业才是应对市场竞争和吸引顶尖租户的关键所在。

2008—2009 年全球金融危机期间，市场对于优质物业的需求一度出现了短暂的下滑态势，但随着中国 4 万亿元经济刺激计划的实施，优质物业的需求开始稳步回升并创新高。内资企业在此轮的刺激政策中收益最多，这些企业今天仍然对终端用户的活动产生影响。受益于政策红利，内资企业对于优质物业的需求呈爆炸式增长。

城市更新 4.0

城市更新 4.0 的特征是以智能、高效且可持续发展，积极推动中国城市的现代经济发展。在这一阶段，专门的城市更新机构将负责全面推进城市更新计划的进程。

在城市更新 4.0 阶段，经验丰富的规划专家、城市更新相关机构和私营部门通力合作，在项目讨论及策划阶段需要充分参考当地社区的意见便是一个明显的特征。这就需要我们不断地探索与应用新技术，并配置最先进、完备的基础设施，创造高度宜居的社区环境，并将休闲娱乐、办公和住宅相结合，以满足未来的社区需求。

现在，中国部分城市已经步入了城市更新 4.0 阶段，尤其是上海、北京、广州、深圳等一线城市，制造业正逐步被引导和迁移至那些仍在投资、税收和就业等方面存在政策红利的二三线城市。得益于政府高效的决策力和不断简化的行政审批流程，中国的城市更新正以惊人的速度推进着。低端制造业的外迁和转移，往往能够为城市的重新定位提供更多的机会和空间。

城市更新 4.0 通过强调物业改造的核心要素，将城市更新提升至更高的水平。这不仅能帮助城市最大限度地利用现有的物业和土地资源，而且还通过协调设计，推动城市中心未来的经济发展。

在实现城市更新 4.0 的过程中，物业改造存在着一系列关键要素，特别是那些闲置的大型国有企业资产（如旧厂房和弃置的工业场所）及对环境造成恶劣影响的排放设施都存在巨大的改造机会。与此同时，具有历史意义的建筑可以通过物业改造得到更好的利用和保护，通过新型技术的应用，旧有物业得以成功改造，这不仅提升了改造物业的价值，也满足了因城市化的高速推进和经济的持续增长而产生的不断增长的保障性住房需求。

在先进的城市更新方案背景之下，有三个因素对项目的成功至关重要：建设综合交通网络以提高城市的通达性；确保以充分高效的方式利用土地资源；通过合并整合城市行政区域，以适应不断变化的资源需求。在 4.0 阶段中，政府和开发商越来越多地强调这些核心要素，以应对复杂的城市问题，并且通过提高城市的适应性、可持续发展能力和经济竞争力来促进地区的蓬勃发展。

城市更新 4.0 的政府驱动力

"热岛效应"

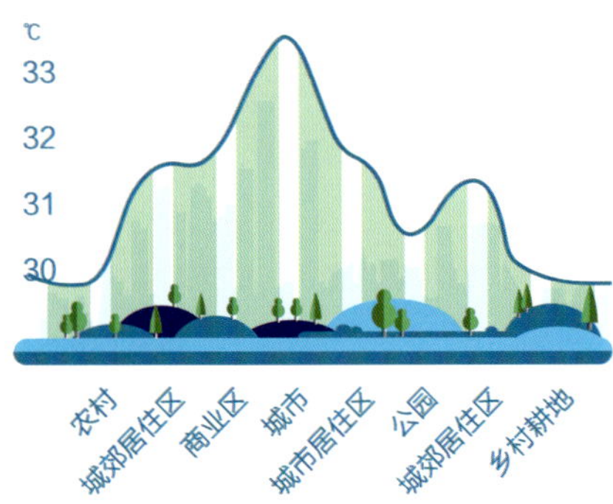

资料来源：戴德梁行研究部

· 驱动力一：面向未来，确保城市的可持续发展

未来，城市的生活、工作、购物及娱乐方式将会与现今大不相同。科技、政治、经济和环境是产生这些变化的主要因素。

中国城市在思考如何更新 / 改造现有物业资产（建筑 / 土地）时，必须考虑到未来市民对于不动产的要求。只有对此有了清晰的了解以后，我们才能够以一种可持续发展的方式来进行更新和改造，以应对未来的机遇和挑战。

· 驱动力二：提高宜居性

通过城市更新 / 物业改造来提升生活质量是中国城市实施改造升级的核心目标。这将会实现多方共赢：城市居民、城市本身及各级政府都能从中获益。

例如，破旧区域及其建筑的改造更新将会防止贫民窟的蔓延。适当类型的更新 / 改造可以降低犯罪率，提高居民的健康水平和生活福利，并为城市带来更多的人口、企业和投资。

· 驱动力三：更好的环境可持续性

空气质量、水质、土壤质量及气温上升等已经成为近些年政府需要应对的主要问题。在过去的 10 年里，许多城市致力于改善空气和水的质量，以及延缓城市气温的升高。在未来，城市将继续致力于应对环境问题，城市更新 / 物业改造应在其中发挥其应有的作用。

例如，更新 / 改造后的建筑可以转变成为绿色建筑。相关技术已经在建筑改造中广泛使用，这些举措有助于减少资源浪费、增加循环利用、降低能源消耗和温室气体的排放。例如，更新改造后的公园和街道由于种植了大量植被，可以缓解城市的热岛效应。

· 驱动力四：为正在进行的城市化提供解决方案

中国正处在高速城市化的进程中。中国城市的交通基础设施、健康配套设施，以及其他公共设施正经历着巨大的考验和压力。由于近年来大规模人口向城市迁移，城市住房需求大幅增加。 在中国最大的几个城市中，住房价格的持续上涨使得住房对于居民来讲变得愈发难以负担。高额的房价可能会将青年人才拒之于大城市的门外。

政府可以通过实施多种措施来保持大城市对青年人才的吸引力，同时缓解公共交通、市政服务及房价上涨的压力。政府可以对交通基础设施进行更新，使其变得更加智能，还可以对老旧工业及写字楼项目进行更新 / 改造和重新定位，或建设与现行政策相符的公共设施和保障型住房，从而释放部分因持续城市化所造成的压力。

· 驱动力五：增强城市的竞争力

一个具有竞争力的城市可以成功地助力落户于此的企业和产业进行产业链升级，提高生产力，增加盈利能力，进而实现境内投资、就业和居民收入的大幅增长。为了提升竞争力，中国城市必须去辨别其拥有的潜在增长动力，并与各利益相关方制订共同的行动计划。城市更新 / 物业改造项目应是这类行动计划的重要组成部分。只有这样，中国城市才能在经济和产业升级方面处于一个更为有利的位置，达到预期的经济增长目标。

· 驱动力六：扩大就业

投资能够有效地带动经济的增长。公司的建立和扩张将增加就业机会。中国的城市更新通过商业物业的更新 / 改造提供了新的就业岗位，例如将废旧工业厂房更新 / 改造成为办公场所，为高端服务业公司或新创企业提供优质办公空间。

近年来，世界上许多城市的市中心就业人数不断上升，而非核心区域就业人口则出现下降趋势。研究表明，大多数人期望他们的生活、工作、购物和娱乐可以集中在同一区域。因此，一些国际大都市正试图实现工作中心和生活中心的合二为一，同时让这些中心变得更具吸引力。中国城市也可以通过更新 / 改造旧有中心的商业和住宅物业以达到相同的效果。

· 驱动力七：增加税收

政府税收来自于不同的行业和领域。企业税、个人所得税和增值税（VAT）是税收的三大主要来源。城市更新可以帮助当地政府产生大量的税收。通过更新改造，旧有商业物业可以变成对企业和品牌具有吸引力的物业。随着企业和品牌入驻更新 / 改造后的物业或周边区域，政府的税收收入能够得到相应增加。

· 驱动力八：清晰高效的利用土地

中国各城市政府积极制定土地利用规划，旨在提供具有前瞻性、清晰、高效的土地利用机制。全面详细的土地利用规划可以使人们清楚地了解未来 10 年、20 年、30 年城市空间的发展。这使个人和企业可以更加安心地在这座城市兴业投资。

制定一份具有前瞻性的城市土地利用规划可以实现土地资源的高效利用。城市更新 / 物业改造可以保证每个现有物业和再开发地块实现最优利用，当地社区、商业和居民都将从中获利。

· 驱动力九：与主要的政府规划呼应

遵照“创新、协调、绿色、开放和共享”这五个原则并良好地执行相关规划，可以帮助中国实现其社会、经济和政治的发展目标。城市更新 / 物业改造能够在这一进程中发挥重要的作用。

地方政府也有自己的城市发展规划。例如，“上海 2035”考虑到了一系列的问题，包括土地资源最优化、保持环境可持续发展和城市产业更新等。在政府整体规划落地及实施的过程中，城市更新 / 物业改造项目必须遵循规划要求，以便政府可以最终实现提高城市社区生活质量的目标。

· 驱动力十：提高城市声誉

一个成功的城市更新 / 物业改造项目可以大大地提升城市的声誉。城市的声望与居民生活及商业发展息息相关。周密妥善的城市更新 / 物业改造项目可以让居民对于城市未来的发展保持信心，并确保他们能从城市中持续获益。另外，城市更新让企业在发展过程中也将更加自信。个人和企业将更愿意加大投资，从而为整个城市及其居民带来更多的红利。

中国的城市化

资料来源：china-mike.com，戴德梁行研究部

2025 年

70%

70% 的中国居民将居住在人口总数超过 100 万的城市之中

2030 年中国城镇化速度

221

221 个城市将拥有超过 100 万的城市人口

4 亿

中国将增加 4 亿城市居民

超过美国总人口

房地产投资信托 101

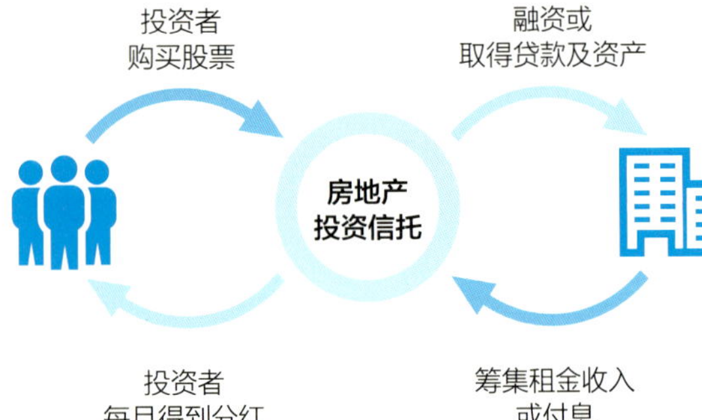

资料来源：NorthStar Securities，戴德梁行研究部

城市更新 4.0 最佳实践方法

01. 制定明确的开发目标
02. 制定清晰的开发方案以实现目标
03. 确保城市更新 / 物业改造方案与整体规划愿景保持一致
04. 从长远角度考虑问题
05. 对方案进行全方面分析
06. 与各利益相关者共同制定方案
07. 创造“共享价值”，实现长期公共利益
08. 就“责任义务条款”达成一致
09. 编制合理的财务计划
10. 分散调节风险
11. 利用其他融资方式——公私合营模式（PPP）
12. 平衡经济效益和社会效益
13. 房地产投资信托基金在城市更新中的应用
14. 打造最优的产品组合
15. 注重项目的可持续性

公私合营概念

公私合营 是

- 更优秀的采购活动
- 公营部门改革
- 更佳的概念规划
- 建设及维持良好的基础设施
- 为纳税者提供更好的服务
- 与合适的群体共同承担风险
- 公私部门合作

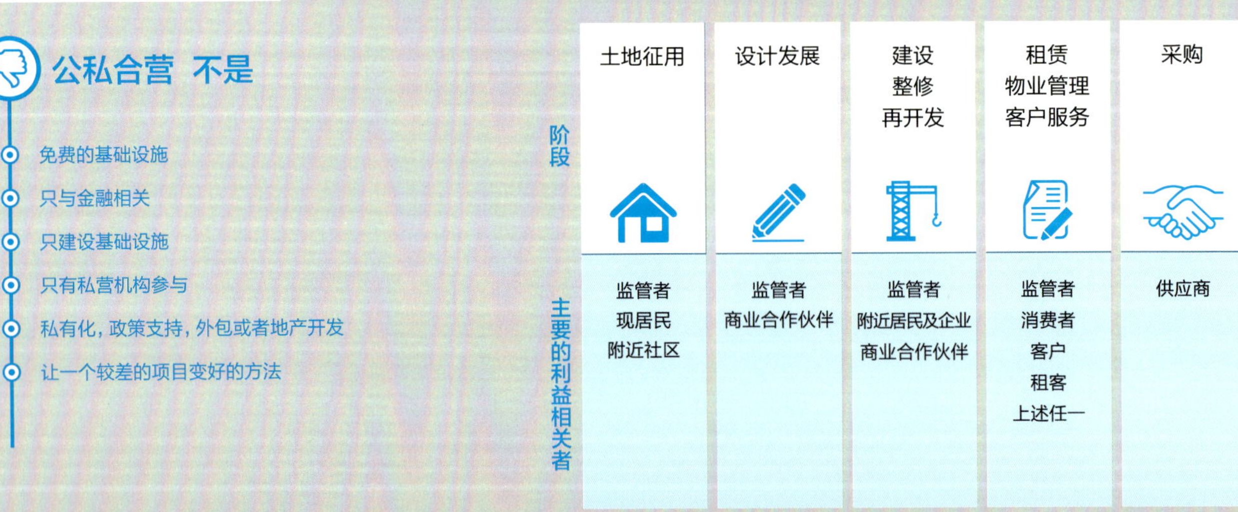

公私合营 不是

- 免费的基础设施
- 只与金融相关
- 只建设基础设施
- 只有私营机构参与
- 私有化，政策支持，外包或者地产开发
- 让一个较差的项目变好的方法

资料来源：CREAM Europe，戴德梁行研究部

城市更新项目开发阶段及利益相关者

阶段	土地征用	设计发展	建设 整修 再开发	租赁 物业管理 客户服务	采购
主要的利益相关者	监管者 现居民 附近社区	监管者 商业合作伙伴	监管者 附近居民及企业 商业合作伙伴	监管者 消费者 客户 租客 上述任一	供应商

资料来源：UOL Group，戴德梁行研究部

总结

前瞻性是确保城市可持续发展的关键所在：当中国市级或区级政府考虑现有物业资产更新 / 改造的问题时，需要制定一个清晰的、有前瞻性的方案，以此应对未来可能发生的变化。

投资者 / 开发商的投资兴趣与决策取决于商业的可行性及其获益能力：潜在的租赁或投资表现是投资者 / 开发商对一个商业项目改造方案的主要考察点之一。

终端用户会从多方面评价其吸引力：更新 / 改造空间的建设成本是最重要的，其他的相关因素包括业主提供的区位、质量和服务等。这些要素的评估可使生产效率最大化，提升居民的幸福感，并获取 / 保留人才。

功能置换改造项目将推动未来的城市更新：如今，中国正积极促进城市的可持续性发展，从商业、经济和社会的角度考虑，将现有物业，尤其是那些因老旧或者表现不佳而被弃置的物业资产置换成更加合理的用途变得愈加重要起来。

智能交通解决方案帮助城市应对由于快速城镇化所带来的基础设施压力：相关解决方案包括建设综合型的、多模式的公交导向道路网络以提高连接性和可达性，从而促进社区复兴，刺激商业和居住发展，提高土地价值等。

在经济结构升级中，应当尽可能以最有效率及最优的方式利用土地资源：城市正在通过已有产业的重新安置或者土地利用的重新划分等方式来优化土地利用，从而帮助建设更加符合未来城市经济发展的新兴中心商务区。

行政区的调整合并将提高现有资源的有效利用：行政区的合并通常可以帮助城市简化行政职能，管理公共资源，提供新的投资及发展机会（反过来，提高土地和资产价值）以及借由绅士化改善居住环境。

参考国际优秀案例及各种经验教训：吸取来自于国内外的城市更新经验，有助于中国指导卓越城市中心的建设。

国有企业物业和资产是改造成高效率用途的成熟目标：从社会和商业的角度来看，这些弃置或者未被完全利用的国营物业通过更新 / 改造会有更好的表现。城市更新 / 物业改造可以用以应对严峻的环境挑战、恶化的社区环境，以及不断变化的社会结构等问题。中国城市正在积极减少资源消耗及污染的产业，提升宜居性并为老年人提供更多退休养老中心，旨在创造更加可持续的社区。

文化保护与传承可以提高城市吸附力：随着现代中国城市的持续发展，确保城市文化肌理、特色及传统意蕴的留存，以及为城市取得应有的价值，尽可能保护历史建筑遗产是十分重要的。

科技将有助于推动未来城市中心的发展：通过在建成空间有效利用智能感知技术及大数据，智能建筑将使得运营变得更有效率，并为一般用户、员工和企业创造一系列积极影响。

保障性城市住房的大幅增加将满足急速增长的住房需求：中国的城市可以利用创新策略以刺激保障性住房的进一步发展，从而为城市发展吸引更多人才，并帮助和容纳低收入人口。

制定明晰的城市更新项目方案

社区投入

具备合作性与参与性的城市更新项目设计流程

储备信息
我们有什么？

分析结果
我们想要得到什么成果？

比较可用方案
如何获得我们想要的结果？

制定方案

未来城市更新方案

资料来源：戴德梁行研究部

风险 VS. 价值

资料来源：Ploutus Advisors,LLC，戴德梁行研究部

改善提升居住环境——打造省级宜居示范居住区

——对话江苏省住房和城乡建设厅厅长周岚

2018 年江苏省《政府工作报告》明确将“改善居住环境，加强城市‘双修’，开展老旧小区环境综合整治，推动多层老旧住宅加装电梯等适老化改造，建成 100 个省级宜居示范居住区”列入 2018 年民生十件实事之一。省政府办公厅《关于分解下达 2018 年度保障性安居工程和省级宜居示范居住区建设目标任务的通知》（苏政传发〔2018〕63 号），要求各地立足实际，采取整治环境、完善功能、提升品质、规范服务等措施，确定改善提升重点和措施，确保年底前完成省级宜居示范居住区建设任务。为此，江苏省城镇化和城乡规划研究中心与江苏省住房和城乡建设厅周岚厅长展开了一次学术对话。

江苏省宜居示范住区常州市北园新村小区

打造宜居住区，推动城市高质量发展

《城镇化》：目前江苏对照党的十九大提出的新思路，提出了城乡建设高质量发展的新要求，请问江苏在此时提出“宜居示范居住区建设”，有哪些重要意义？

周岚：近年来，随着中国经济社会的快速发展，人民生活水平不断提高，人民对美好生活的需求逐步提升，推动了房屋住宅设计建造标准的不断完善。1986 年，《住宅建筑设计规范》颁布实施。1998 年，国务院《关于进一步深化城镇住房制度改革 加快住房建设的通知》（国发〔1998〕23 号）明确提出停止住房实物分配、逐步实行住房分配货币化。之后，国家为提升商品住房开发建设水平，又先后于 1999 年、2003 年和 2012 年对住宅设计标准、规范进行了调整，并相继配套出台了《住宅性能评定技术标准》《绿色建筑评价标准》《养老设施建筑设计规范》《无障碍设计规范》《老年人居住建筑设计规范》等一系列建筑设计标准和规范，有力推动了设计建造标准的不断提高，同时也有效促进了人民群众居住条件和居住区环境的不断改善。但是对照党的十九大提出的新思路，对照新时代社会主要矛盾的新转变，对照城乡建设高质量发展的新要求，既有居住区尤其是 2000 年前部分老旧小区的环境和居住功能还不能满足居民对美好生活的需要，整体居住区宜居水平仍需提升，新建住宅建设品质与“适用、经济、绿色、美观”的建筑方针要求之间也还存在一定差距，人民群众的住房条件、居住区宜居性和获得感仍不平衡。各地要充分认识加强老旧小区综合整治、推进宜居示范居住区建设的重要意义，积极探索不同历史时期将居住区改善提升为宜居示范居住区的经验和做法，以此带动和激活城市社区、片区以及城市整体环境改善，为建设宜居城市、推动城市高质量发展奠定坚实基础。

坚持以人民为中心，分类推进宜居示范居住区建设

《城镇化》：宜居示范居住区建设将实现全省人民对美好生活的需要，请问具体目标是什么？

周岚：坚持以人民为中心的发展思想，聚焦百姓需求最迫切、获得感最直接的居住问题，在居民充分参与的基础上，坚持问题导向、需求导向、目标导向，坚持共建共享共治，着力持续精准补齐民生短板，着力提升居住区公共服务水平，着力健全社区共治机制，着力增强人民群众获得感和满意度。针对不同历史时期建设的居住区实际状况，因地制宜、分类推进宜居示范居住区建设。重点支持 2000 年前的老旧小区，通过整治环境，补齐基础设施和服务短板，完善小区功能，落实物业管理服务全覆盖，提高公共服务水平，提升小区安全运行水平、居住环境

品质和居民满意程度，改造提升一批宜居示范居住区，为其他老旧小区的改善提供示范经验；鼓励 2000 年后的既有居住区，通过物业管理省级示范项目的创建，提高物业管理标准化、规范化水平，推动居住区适老化设施配套建设，优化居住区公共环境和服务配套，建立公众参与居住区治理机制，提升整体品质，在此基础上遴选出一批宜居示范居住区；引导新建居住区在及时总结汲取既有居住区改善提升的经验基础上，按照城乡建设高质量发展的要求，建设成为具有优良居住和空间环境的高品质居住区，满足城市居民多元化的现代生活服务需求，形成一批宜居示范居住区。

坚持因地制宜，合理确定宜居示范居住区的实施路径

《城镇化》：不同历史时期建设的居住区实际状况多样，请问宜居示范居住区建设的实现路径如何准确把握？

周岚：注重以人为本、因地制宜，对 2000 年前的老旧小区、2000 年后的既有居住区和新建居住区三种不同情况，按照不同标准和内容分类推进宜居示范居住区建设。

1. 2000 年前老旧小区着力推进宜居示范居住区建设

对 2000 年前老旧小区的改善，要在尊重民意的基础上，围绕安全有序、环境整洁、便利舒适、功能完备、管理规范的目标，针对居民居住生活中“急难愁盼”的问题，按照“十有十无”的要求推进居住区环境全面整治和功能完善，即有整洁小区环境、有规范停车场所、有无障碍化设施、有安全供水供气、有基本消防设施、有畅通消防通道、有安防设施设备、有规范物业服务、有公众参与机制、有住区文化建设，无危险房屋、无违章搭建、无乱堆杂物、无乱拉电线、无屋面渗漏、无乱停车辆、无乱贴广告、无破损道路、无排水不畅、无损毁绿地，居民对小区改善提升满意度 90% 以上。

在此基础上，鼓励各地积极创新探索，结合实际情况拓展环境整治和功能提升的内容，包括：围绕小区的无障碍化、配置日间照料中心和助餐点等养老服务用房开展适老化改造，增设或更新电梯并确保安全运行，挖掘新增公共活动场所，按照海绵城市的思路推进居住区雨水花园和生态停车场建设，建立有毒垃圾和可回收垃圾回收链条并切实推进垃圾分类，推动管线下地和雨污分流，结合居民意愿进行节能改造，因地制宜增设充电设施、改造二次供水设施，探索共享停车机制，实现 5 分钟便民服务圈和 15 分钟社区服务圈，完善业主自治机制，建立业委会或管委会并规范运作，按照相关规定探索使用住宅专项维修资金对小区进行维修更新，整合其他部门相关资源和资金支持公共服务改善。

南京市察哈尔路 16 号住宅楼电梯改造实践

2. 2000 年后既有居住区着重开展宜居示范居住区遴选

对 2000 年后既有居住区的提升，要按照居住舒适安全、设施配套完善、环境优美宜人、服务优质便捷以及睦邻共建共治的目标，针对居住区薄弱环节和实际情况，着力提升物业管理规范化水平和适老化设施配套水平；健全民主协商、社会参与、运作有序的社区共治机制，着力提升社区治理能力和业主自我管理水平；结合医疗卫生、文化教育、健身养老等条件的改善，着力提升公共服务水平。要从 2000 年后的既有居住区中遴选出一批宜居示范居住区，其中，居住区物业服务水平要基本达到省级示范物业管理项目标准，住宅使用性能要基本达到国家《住宅性能评定技术标准》（GB/T 50362—2005）规定的 2A 等级；要建立共建共治共享的社区治理机制，实现 5 分钟便民服务圈和 15 分钟社区服务圈，居民对居住区整体环境满意度达到 90% 以上。支持各地优先申报符合条件的保障房小区、安置房小区为宜居示范居住区。

3. 新建居住区着重探索宜居示范居住区发展方向

遵循新时代建筑方针，按照绿色建筑与建筑产业现代化融合发展的要求，围绕高起点规划、高水平设计、高质量建设和高标准管理，结合《住宅性能评定技术标准》（GB/T 50362—2005）、《百年住宅建筑设计与评价标准》（T/CECS-CREA 513—2018），积极推广绿色化、低碳化、智能化，注重“四节一环保”和住宅产业化成套技术的应用，实施居住区内垃圾分类、海绵技术、停车便利等系统化工程建设，以提高居住的安全性、建筑的节能性、功能的舒适性和配套的完善性为目标，探索提出新建宜居居住区建设标准，推动我省居住区高质量发展，实现“更舒适的居住条件”和“更优美的环境”。

明确保障措施，形成系统推进机制

《城镇化》：您认为推进宜居示范居住区需要哪些保障措施？

无锡市老旧小区居民参与住区改造

周岚：省财政设立的省级宜居住区建设引导资金，重点支持 2000 年前老旧小区推进省级宜居示范居住区建设。各地也要积极争取财政支持，统筹使用老旧小区环境整治资金，重点支持宜居示范居住区的建设。在既有居住区改善提升的过程中，要突出居民主体作用，在充分征求居民意见的基础上，选择居民需求迫切的内容优先进行改善提升，着力改善居住区的均好性，着力提高人民群众的满意程度。对于未听取居民意见、居民参与程度低、改造后居民满意度低的居住区，以及出现引起社会不稳定、造成重大负面影响事件的居住区，不纳入宜居示范居住区遴选范围。要在政府统一领导下，强化部门联动，形成宜居示范居住区建设的工作合力。要鼓励和引导专业技术志愿者等社会力量广泛参与，探索社区设计师制度，构建众创众规和共编共议机制。

同时各地应制定具体实施办法，明确住房城乡建设、规划、质管等部门的具体责任，强化质量监管，切实保障宜居示范居住区的工作推进和建设质量。

省城市管理示范社区——扬州市春江社区

走向持续的城市更新
——基于价值取向与复杂系统的理性思考

经过30余年的城市快速发展，我国的城镇化已经从高速增长转向中高速增长，进入以提升质量为主的转型发展新阶段，城市更新在注重城市内涵发展、提升城市品质、促进产业转型、加强土地集约利用的趋势下日益受到关注。近年来北京、上海、广州、南京、杭州、深圳、武汉、沈阳、青岛、三亚、海口、厦门等城市结合各地实际情况积极推进城市更新工作，呈现以重大事件提升城市发展活力的整体式城市更新、以产业结构升级和文化创意产业培育为导向的老工业区更新再利用、以历史文化保护为主题的历史地区保护性整治与更新、以改善困难人群居住环境为目标的棚户区与城中村改造，以及突出治理城市病和让群众有更多获得感的“城市双修”等多种类型、多入层次和多维角度的探索新局面。

阳建强

阳建强，东南大学建筑学院教授、博士生导师，城市规划系主任，东南大学特聘教授。中国城市规划学会城市更新学术委员会主任委员、中国城市规划学会历史文化名城学术委员会委员。

面向更长远与更全局的更新目标

中国现阶段城市更新的实质就是基于新型城镇化这一宏观深刻变革背景下的物质空间和人文空间的重新建构，它不仅面临过去历史上遗留的物质性老化、基础设施短缺和功能结构性衰退问题，而且更交织着转型期新出现的城市土地空间资源短缺、城市产业结构转型、城市功能提升，以及与之相伴而随的传统人文环境和历史文化环境的继承和保护问题。

城市更新作为城市转型发展的调节机制，意在通过不断调节结构与功能，提升城市发展质量和品质，增强城市整体机能和魅力，使城市能够不断适应未来社会和经济的发展需求，以及满足人们对美好生活的向往，建立起一种新的动态平衡。从深层意义上，城市更新应看作是整个社会发展工作的重要组成部分，从总体上应面向提高城市活力、促进城市产业升级、提升城市形象、提高城市品质和推进社会进步这一更长远全局性的目标。因此，亟须摆脱过去很长一段时间仅注重“增长”“效率”和“产出”的单一经济价值观，重新树立“以人为核心”的推导思想，以提高群众福祉、保障改善民生、完善城市功能、传承历史文化、保护生态环境、提升城市品质、彰显地方特色、提高城市内在活力以及构建宜居环境为根本目标，运用整治、改善、修补、修复、保存、保护以及再生等多种方式进行综合性的更新改造，实现社会、经济、生态、文化多维价值的协调统一，推动城市可持续与和谐全面发展。

目前我国许多城市的更新实践均反映了这一目标趋向，北京市结合城市基础设施建设适时提出“轨道+”的概念，提出“轨道+功能”“轨道+环境”“轨道+土地”等更新模式方式，为轨道工程建设赋予更多的城市内涵，变单一工程导向为城市综合提升导向，将单一的工程设施建设转变为带动重点功能区提升旧城风貌保护、社区设施完善、城市交通改善的重要契机，带动城市功能与环境的整体提升完善。上海新一轮的城市更新坚持以人为本，不仅限于居住改善，更要关注商业商务办公、工业、公共服务、风貌保护的统筹，致力于更加关注空间重构和功能复合、更加关注生活方式和空间品质、更加关注城市安全和空间活力、更加关注历史传承和特色塑造、更加强调“低影响”和“微治理”以及更加关注公众参与和社会共治等空间治理策略，提出了富有人性化和情怀的“街道是可漫步的，建筑是可阅读的，城市是有温度的”城市更新口号，强调城市的品质、特色和温度在城市更新中的核心价值和作用，以城市更新为契机，实现提高城市竞争力、提升城市的魅力以及提升城市的可持续发展三个维度的总体目标，实现城市经济、文化、社会的融合发展。

构建学界与业界跨学科跨部门的交流平台

随着新时期城市更新目标趋向更长远、更多元和更全局，以及城市更新成为当前和未来中国社会现代化进程中矛盾突出和集中的领域，人们越来越清楚地认识到，城市更新不仅是极为专业的技术问题，同时也是错综复杂的社会问题和政策问题，任何专业、任何学科和任何部门都难以从单一角度破解这一复杂巨系统问题。

城市更新学科领域不仅需要注重物质环境的改善，更应在城市政策、经济、社会、文化等的整体关联之中加以综合协调，尤其需要基于新型城镇化背景聚焦当代中国城市更新的重大科学问题和关键技术，通过城乡规划学、建筑学、风景园林学、地理学、社会学、经济学、行政学、管理学、法学等多学科、多专业的渗透、交叉和融贯，构建城市更新的基础理论和方法体系：一方面城乡规划学、建筑设计、风景园林、建筑工程作为城市更新的主干学科，需要从城乡、建筑、房屋、道路、交通、市政工程等方面完善自身学科框架；另一方面应广泛吸收人文学科的营养，加强传统的城市规划学科和经济学、社会学、法律学的有机结合，使城市更新更加符合经济和社会规律，从而提高城市更新的科学理性与现实基础。

必须基于价值目标建立综合协调机制，在学科建设上一定要搭建学界、业界的跨学科、跨行业、跨部门的交流平台，需要学界和业界集思广益，共同应对。顺应这一时代需求，为了促进跨学科、全方位、系统化研究城市更新问题，中国城市规划学会于 2016 年 12 月恢复成立城市更新学术委员会，其主要宗旨既是立足新型城镇化背景下的城市更新实践，跟踪国际学术前沿与行业动态，凝练城市更新的科学问题，把握城市更新发展未来趋向，整合多学科研究成果，加强行业内的学术交流，加强学界与业界的沟通，引导学界和业界开展城市更新领域的学术研究和实践，提升我国城市更新规划的理论和实践水平，同时面对我国城市建设发展实际，开展城市更新领域的学科和专业教育研究，推进继续教育与专业技能培训工作，引领城市更新学科队伍建设和人才培养，促进学术研究和专业知识的普及，搭建多学科交叉融合的学术平台，以更好地推进城市更新领域的基础理论与应用实践的发展，全面提高城市更新研究领域的学术水平。

改变现有的和传统的城市规划理论与方法

现时期城市更新具有复杂性、矛盾性和艰巨性等突出特征，与新区建设相比，城市更新不仅是空间与土地资源的分配，更是利益重新调整和土地开发权力再配置。就现有城市规划编制体系与方法而言，难以满足城市更新实践的深度要求，各产权单位的诉求、原有产权人利益及公共利益保障、土地升值与收益、商业开发中拆迁利益补偿、土地的整理和储备、危破旧房修缮与维护，以及历史建筑的征收、购买、修缮和活化利用等均难以转化成控制性详细规划的规划控制指标。因此，需要改变现有城市规划的固定思维和套路，从以工程设计为主的传统型物质空间规划转向基于目标、政策与制度设计的现代型综合系统规划，实现从静态目标到动态过程控制，从单一尺度到多维尺度，以及从精英规划向社会规划的转型。

在宏观层面，需要整体研究城市更新动力机制与社会经济的复杂关系、城市总体功能结构优化与调整的目标、新旧区之间的发展互动关系、更新内容构成与社会可持续综合发展的协调性、更新活动区位对城布空间的结构性影响、更新实践对地区社会进步与创新的推动作用等重大问题，以城市长远发展目标为先导，制定系统的和全面的城市更新规划，提出城市更新的总体目标和策略。

在微观层面，开展土地、房屋、人口、规划、文化遗存等现状基础数据的分析工作，建立国土、规划、城乡建设、房屋地籍等各行政管理部门基础数据共享机制，运用“大数据 + 信息分析 + 互联网”实行更新改造全程动态监管。同时更需要有艰苦工作的准备，充分考虑社会各方利益的多元化，对地段内各产权单位的诉求进行深入细致的调查研究，在规划编制和审批过程中，倡导“自上而下”和“自下而上”相结合的“参与式规划”，建立“社区规划师”制度，通过各种途径了解社区居民诉求，提供精准化的公共服务，提高居民认同感。对每一项更新改造项目进行成本效益分析、产业空间绩效、空间改造价值判断以及土地增值测算，建立从地区问题评估诊断、再发展潜力分析、更新改造方案到实施落地的全过程设计管理制度，明确地区需要重点补充完善的公共设施，统筹协调利益相关人的改造意愿，细化权益变更、建设计划、运营管理等相关要求，使更新改造建立在可靠的现实基础上。与此同时，在城市更新的整个过程中要加强城市设计的作用，注重旧城传统风貌的保护与延续，使城市更新规划与旧城保护规划和景观保护规划紧密结合，突出旧城景观特征和文化内涵，提升城市精细化设计和管理水平。

发挥政府、市场社会与群众的集体智慧

针对当前城市更新工作中存在的市场机制不健全和部门之间条块分割的突出问题，需要从城市整体利益和项目实施推动的角度出发，明确涉及城市更新工作相关不同政府部门的职责，发挥政府、市场、社会与群众的集体智慧，不断应对复杂多变的城市更新实践需求，通过在城市更新主体、法规制度、操作平台等方面的探索创新，实现城市更新的有序推进和良性循环。

在更新主体上：改变以往单一的政府主导模式，基于政府、市场与社会并举的合作参与机制，充分调动政府、市场和社会三大主体参与城市更新的积极性，加强沟通协作，共同治理，共同缔造。

在法规制度上：进一步健全城市更新相关法律法规，在充分发挥政府统筹引领作用的基础上，明确政府行为与市场行为的边界，建立宏观的运行调控机制，在体现国家政策的要求和保障公共利益的前提下，创新财税、规划、产权和土地政策，通过制定合理的引导、激励和约束政策，积极推动房地产市场的理性发展。

在操作平台上：搭建多方合作和共同参与的常态化制度平台，加强发改、规划、建设、房产、土地以及民政等部门的协调与合作，促进包括企业部门、公共部门、专业机构与居民在内的多元利益角色的参与和平衡，保障城市更新工作的公开、公正和公平。

近年来，不少城市结合实际需求在制度设计、利益平衡和规划管理等方面开展了积极的探索与创新。广州市设立办公组织人事处（政策法规处）、计划资金处、土地整备处、前期工作处、项目审核处和建设监督处等机构，组建成立专门的城市更新管理机构，承担起草相关地方性法规、规章，组织编制城市更新相关规划、计划，统筹管理和监督使用城市更新资金，统筹标图建库、测绘工作，完善历史用地手续报批及供地审核等职责。深圳城市更新工作在规划管理制度创新、利益平衡机制构建等方面进行探索，坚持以政府引导、市场运作为原则，充分关注各方权益，厘清现有产权关系，尊重市场规律，由市场和政府共同推动更新，建立起“法规、政策、技术标准、操作指引”四个层面的城市更新规划技术与制度体系，以规则协调平衡包括政府、市场、原权利人等在内的各方利益。上海制定颁布了《上海市城市更新实施办法》《上海市城市更新规划土地实施细则（试行）》《上海市城市更新规划管理操作规程》《上海市城市更新区域评估报告成果规范》等相关配套文件，明确了城市更新的定义和适用范围，城市更新实施的组织架构、工作流程、土地与规划管理政策等内容。这些创新对发挥政府、市场、社会与群众的共同作用，以及有效推进城市更新工作起到了积极的作用。

城市更新是一项综合性、全局性、政策性和战略性很强的社会系统工程，面广量大，矛盾众多，牵一发而动全身，不可能一蹴而就，需要一个长期、艰巨和复杂的实现过程。

当前城市更新暴露出价值导向缺失、系统调控乏力、历史保护观念错误、市场机制不健全以及部门之间条块分割等深层问题，急需借鉴国内外先进经验，瞄准国际发展趋向，基于价值取向和复杂系统开展理性思考，敢于直面和破解现实中的难题，致力于走向持续的城市更新。

必须摆脱长期以来受单一经济价值观的约束，回归“以人为本”，以人民对美好生活的向往为蓝图，守住城市发展的底线，将城市更新置于城市社会、经济、文化等整体关联加以综合协调，面向提高群众福祉、保障改善民生、改善人居环境、提高城市生活质量、保障生态安全、传承历史文化、促进城市文明、推动社会和谐发展的更长远和更综合的目标。

必须充分掌握城市发展与市场运作的客观规律，在复杂与多变的现实城市更新过程中，认识并处理好功能、空间与权属等重叠交织的社会与经济关系，改变现有的和传统的城市规划理论与方法，加强法律法规、行政体制、市场机制、公众参与以及组织实施等方面的深度研究，建立政府、市场和社会三者之间的良好合作关系，发挥集体智慧，遵循市场规律，保障公共利益，加强部门联动，促进城市更新的持续、多元、健康与和谐发展。

（本文节选自《城市规划》2018年第6期《走向持续的城市更新——基于价值取向与复杂系统的理性思考》，根据笔者在2017中国城市规划年会“复杂与多元的城市更新”专题会议上所作的主题报告整理而成。感谢葛天阳、陈月等对本文的帮助。）

城市存量用地再开发政策干预的两条脉络

张京祥
南京大学建筑与城市规划学院教授、博士生导师，南京大学区域规划研究中心主任，兼任中国城市规划学会理事，中国城市规划学会区域规划与城市经济学术委员副主任委员，中国城市规划学会学术工作委员会委员，中国地理学会经济地理专业委员会委员等职。

存量用地的再开发不仅仅是物质空间的再利用，更是以特定产权关系为基础的利益再分配过程，其根植于特殊的制度环境且受到政策设计的敏感影响。面对日益突出的生态保护、空间管制压力，依赖增量用地换取发展动力的传统模式已难以为继，盘活存量资源、创新存量规划已成为不可回避且亟待研究的新命题。存量用地再开发，一方面被视为激活城市财富二次再生的必然选择而备受期待，另一方面却又因复杂的利益博弈过程而受到诸多掣肘。产权作为理解存量用地再开发的新视角被引入学术界，关注产权主体和利益共享开始成为共识。

存量用地的再开发本质上是产权交易的过程，在中国特殊的制度语境中产生的产权交易并不是纯粹的市场选择，而是受到政府的积极干预和具体政策的直接规制。从政策视角思考与理解存量用地再开发，有助于明确政府的行为边界，也是推动全面深化改革和城市治理现代化的应时之举。

地方政府参与存量用地再开发的主要方式，正逐渐从财政投入向政策创新转变。针对发展权、使用权交易中的现实障碍，发展权的差异定价和使用权的议价限制成为部分地方政府实施政策干预的两条创新脉络。其一，通过分类、分区域的发展权定价，在允许或鼓励自主再开发的过程中，维护公共利益并保障政府对城市开发的总体管控。其二，通过规范补偿标准、调整决议的方式，限制权益主体的补偿议价空间，防止权益主体对再开发收益的野蛮占有，降低政府收储和市场收购的难度。

发展权的差异定价

地方政府根据不同的发展权形式（变更功能、开发强度等具体情况），分类设定权益主体（或市场联合体）购买发展权的价格，这是土地增值利益分配的核心环节，也是政府保障基本公共利益的关键所在。购买价格的设计不仅局限于货币方式（地价），还包括了公益空间的征用、公益开发责任的承担等空间形式，以实现公共地租收益、公共服务和设施提升、城市转型升级等多种公共利益。以深圳为例，其创新了城市更新的“申请—审批”模式，根据不同的更新类型，明确差异的发展权和相应的交易定价。综合整治类，不涉及使用权的调整和发展权的交易，主要属政府协调和出资的公共项目。功能改变类仅涉及土地使用功能调整，申请主体可通过补缴地价的方式，向政府购买发展权。拆除重建类对于土地使用方式的调整重大，发展权定价的方式也最为复杂，包括了地价补缴、公益土地征用、保障性住房配建、创新型产业用房配建等内容。申请主体需要通过“更新单元规划”，进一步落实公益用地等空间性的定价要求，并借由“更新单元规划”向政府提出容积率奖励等利益诉求。最终审批通过的“更新单元规划”，是政府与其他主体通过协商的方式，围绕发展权形式和交易定价达成的博弈均衡点。

为了保障对土地开发的总体控制，大多数的地方政府严格限定发展权交易的适用区域，作为允许自主再开发的特殊政策区。适用范畴的界定作为发展权交易的基础，也反映着地方政府对自主再开发的差异态度。与深圳相对开放的发展权交易模式不同，大多数城市仅仅针对特殊的工业用地区域，试点开放发展权交易。以厦门为例，其针对工业存量用地设置自行改造区，设置的原则是规划保留类工业园区以外的工业用地，同时扣除规划为城市基础设施等公共项目，以及列入近期收储计划的用地。自行改造区内的再开发行为还需要接受功能类型的管制，权益主体可以将工业仓储用地改变为办公、商业、酒店等现代服务业项目，但是不允许变更为经营性商品住宅。这一政策旨在保障政府对于住宅供给市场较强的宏观调控能力，避免自主再开发对现有市场的冲击。“政府主导”的广州模式，则更加强调政府对于核心资源的土地储备，可以进行发展权交易的仅有条件苛刻的少量工业用地。按照城市更新的片区策划方案，城镇住宅的全面改造及旧厂房中规划为商业住宅和重点地区的商业服务设施，均优先由政府收储。

使用权的议价限制

在使用权交易环节，地方政府虽然没有直接定价的权力，但是可以通过政策干预，限制权益主体与市场或政府的议价能力，防止权益主体对于土地溢价的过度占有。由于既有制度对补偿标准的设定相对模糊，规范补偿标准成为地方政府首要的政策举措。广州提出按土地实际出让成交价格和利益分成比例折算补偿价格。在收储阶段，地方政府仅需按一定比例的基准地价预付补偿金，在土地拍卖完成后，根据实际成交地价按一定比例折减，确定并支付剩余补偿金。这一政策降低了地方政府在收储阶段的资金压力，更重要的是规避了收储成本高于出让收益的风险。地方政府可以通过调整补偿价格占土地出让成交价的比例，直接调控公共与权益主体的利益分成。深圳在 2015 年的《城市更新条例（草案稿）》中提出拆除重建类的货币补偿标准应该依据三家市场评估机构各自估价的平均值确定，希望通过引入第三方评估机制来规范补偿标准；同时，明确规定建筑物产权置换的拆赔比区间，以此控制权益主体的收益上限，避免将补偿的高成本转嫁到房地产市场中。

调整使用权交易的决议方式，限制少数群体议价能力。在存量用地再开发中，少数“钉子户”往往是抬高交易成本的主要因素。深圳《城市更新条例（草案稿）》突破性地提出政府强制征收和售卖的规定。在住区再开发中，当不愿达成补偿协议的权益主体比例不超过 5% 时，项目实施主体可申请由区政府强制征收并售卖给再开发实施主体。政策意在效法台湾、香港的“多数决”原则，避免因少数群体恶意抬价而增加交易成本。目前相关政策尚处于讨论阶段，因对《中华人民共和国物权法》等规定形成较大突破，而广受争议。值得肯定的是立足于公共利益的政府强制行为，仍然是政府合理干预产权交易的重要手段，其合法性和正当性或将随着业主自治的制度确立、法院裁决的司法介入得以保障。

结论与讨论

存量用地的再开发是产权交易和利益重构的过程，存量用地的产权关系研究应该被置于中国特殊的制度语境和政策环境之中。分权化、市场化的制度语境塑造出了存量用地使用权和发展权相互分离、制衡的利益格局，实现产权的重组成为存量用地再开发的前提，也是再开发过程中产权主体交易与博弈的焦点。面对利益博弈的困境和产权交易的失序，围绕发展权定价与使用权限价的地方实践，体现了地方政策干预的主要创新脉络和治理智慧。尽管政策的内容仍然还有待实践的考察和不断地完善，但政府主动作为政策创新和对市场交易过程的积极干预，无疑将是释放存量用地价值的关键，是激活中国城市土地财富的制度红利。为应对存量再开发过程中的产权羁束，存量规划应该丰富空间认知的政策维度，通过政策区划引导产权交易，通过管控指标的设计实现多元利益的均衡，通过技术手段的拓展实现政策诉求与空间应对的耦合。这既是城乡规划作为公共政策的应有责任，也是其促进城市治理现代化的应有作为。

需要注意的是，政府对市场交易的能动作用是社会主义市场经济制度优越性的体现，但适度有效的政策干预仍然有赖于实践的反复检验和不断完善，以规范政府行为、规避过度干预和寻租。在既有的实践中，政策干预的主要方向虽然总体相似，但具体政策的制定仍然需要结合城市现实情况和发展诉求的差异，在借鉴先行经验的同时，进行本地化的创新和适应性的调整。此外，本文所指城市存量用地并未包含城中村这一特殊存量用地类型，因为二者在土地产权方面的法理基础存在较大差异。虽然在珠三角部分政策试点地区，城中村的存量再开发被视同城市国有建设用地进行操作，但其普遍适用性仍有待商榷，且存在一定的争议，相关研究有待后续完善。

（本文节选自《经济地理》2017 年第 2 期《产权交易的政策干预：城市存量用地再开发的新制度经济学解析》。）

城市更新和风貌保护的城市设计与城市治理

王林
教授、博士生导师，上海交通大学中国城市治理研究院研究员、城市更新·保护·创新国际研究中心主任。担任中国城市规划学会城市更新学术委员会副主任委员、国家历史名城保护学术委员会委员、中国建筑学会城乡建成遗产学术委员会第一届理事会理事、工业建筑遗产学术委员会委员、上海市规划委员会专家委员、上海市科学研究会城市历史文化保护专业委员会主任委员、上海建筑学会历史建筑保护委员会副主任委员、城市土地学会委员等。

随着我国进入城市更新时代，我国新型城镇化发展原则转变为“总量管控，以盘活存量为主”；中央在进一步加强城市规划建设管理工作中提出“有序实施城市修补和有机更新，解决老城区环境品质下降、空间秩序混乱、历史文化遗产损毁等问题，促进建筑物、街道立面、天际线、色彩和环境更加协调、优美”的要求，使得城市更新的地位日渐重要。

城市的主要发展应该是转向城市更新和复兴——城市空间和城市功能的修补、城市生态的修复与改善。如何更好地建设城市，如何更好地在城市的发展与改造中实现城市的有机更新与风貌保护，已成为各方共同关注的问题和面临的挑战。

城市发展理念的转变

在这样的背景下，城市发展的理念也发生了根本性的转变，表现为以下三个方面。

一是由“旧区改造”转向“城市更新”。也就是说，对一个地区进行改造时，需要对其进行非常系统的研究，包括历史、文化、周围的环境，以及当地人的诉求等。根据研究结果，提出哪些区域应该被保护保留，哪些区域应该重新改造，哪些区域需要被拆掉重建，进而提出多元复合的改造方案。这种做法与以往不假思索推倒重来的旧区改造有着本质的不同。对历史、环境、文化和人保持尊重的态度，是过去的“旧区改造”与现在的“城市有机更新”和“风貌保护传承”的根本性区别。

二是由“拆、改、留”转向“留、改、拆”。这是上海市最新提出的旧区改造政策。同样的3个字，由于顺序的改变，代表着对城市历史建筑与环境的态度的根本转变。这一态度不仅仅是对于历史文化风貌区，更是对于整个城市在未来的发展中，都明确了以保留、保护的思路为主，着重通过功能提升、环境改善来保护并传承城市的历史文化与风貌特色。

三是由“大拆大建”的粗放发展转向城市有机更新的精细化管理。在城市有机更新过程中，不再是以经济效益为单一的评价标准来确定某个地区的再开发方式，而是更多地考虑当地老百姓的需求——公共配套设施的完善、公共空间环境的提升等社会效益；更多地考虑历史文化保护、风貌特色传承等文化效益，通过利益相关主体的共同参与、多方协调、多元合作，形成共治共赢的实施方案。这是从城市管理到城市治理的转变，从原来的粗放式城市管理，转向有更多原则与底线的精细化管理。

城市设计在城市精细化管理中的重要作用

随着城市精细化管理的提出，城市设计在城市规划与建设管理中的作用进一步凸显。中央城市工作会议明确提出，要加强城市设计，提高城市设计水平。迄今为止，关于城市设计的认识，有很多不同的观点。哈佛大学克里格（Alex Krieger）教授的《城市设计》一书中，就完整记录了1956年在哈佛大学召开的关于城市设计的学术研讨会中来自全球著名学者展开的激烈争论，以及至今60多年全球城市设计的实践与拓展。书中明确提出：城市设计作为城市研究的方法，可以涉及建筑在城市中的尺度及建筑与城市之间的关系，还可以涉及历史保护与城市发展的关系。另外，城市设计还可以是通过城市公共空间的打造来提供公共政策的一种方式。

虽然城市设计自身不是一个法定规划，但它的作用在各个层面的法定规划制定过程中都不容忽视；并且城市设计的成果应该在各个层面的规划中都有所体现；同时，不同层面、不同地区的城市设计的侧重点与作用也各有不同。城市设计在总体规划层面的核心要素包括道路格局、绿化布局、水体山体自然布局和高度分区控制等。但是在设计过程中，要避免过分强调空中鸟瞰的平面构图、避免追求“宏大叙事”而忽视城市空间的人性化尺度。

城市设计在总体规划层面应该受到足够的重视，对城市整体景观与风貌塑造的指导与管控，应当在城市发展与管理中保持并坚守。

城市设计在控制性详细规划层面的核心要素包括建筑退界、界面连续性、高度细化控制（沿街、内部、转角）及公共活动空间（广场、通道）等。控制性详细规划作为指导和管理建设项目审批的法定性规划管理文件，如何将城市设计的核心内容翻译并纳入其中是规划管理的关键。控制性详细规划需要城市设计的支撑，而城市设计又需要通过法定性的控制性详细规划进行落实，发挥指导城市空间建设、保护城市特色景观的作用。尤其是在老城区，如何通过城市设计在保持历史地区风貌特色的同时，通过控制性详细规划来实施地块的有机更新有待研究。

城市设计在建设项目的规划方案层面，通过对空间的精细化研究后，进行多方案比选，深化、优化、细化空间与建筑形态，协调建筑与周边环境及相关利益人的关系。

城市更新和风貌保护的城市设计思路与方法

城市设计在城市更新和风貌保护中的作用尤为重要。譬如，纽约在曼哈顿地区城市更新中有一系列的政策，其中最有名的是：通过容积率奖励的方法来鼓励开发商提供城市的公共空间。在这个政策出台之后，城市的公共广场显著增加，但曼哈顿地区原来连续的商业空间界面也受到了破坏。为了防止由此造成的街道活力下降，纽约市政府制定了曼哈顿地区的城市设计导则，要求更新改造地块必须保持沿街建筑界面的连续性。

还有一个经典的案例是纽约高线公园及其周边地区的更新实践。纽约高线公园原来是纽约市中心一条废弃的高架轨道，一度面临被拆除的危险，在民众的呼吁下，政府对废弃的铁轨进行保护与改造，形成了一条穿越城市的公共景观廊道。同时，通过研究与思考，对铁轨两侧衰败的城市建筑与空间，提出了功能重塑、景观再造的整体方案与实施策略。该城市设计方案经过多轮讨论，形成了对该地区区划（相当于我国的控制性详细规划）的调整方案。这一城市设计方案的实施不仅保留了历史遗产，形成了独具特色的空中花园，更重要的是激活了高线公园两侧原已衰败的地区，获得了巨大的社会与经济效益，成为纽约中心城更新的经典案例。

由此可见，城市设计在城市更新过程中，既是一种非常有效的城市空间研究方法；又是发现问题、分析问题并试图解决问题的系统思考的城市空间方案；更是提供了可供多方共同探讨方案的平台。

通过几年的城市设计实践，笔者发现，城市旧区的城市更新和风貌保护所涉及的问题往往是极其复杂甚至不可预知的，城市设计作为一种城市空间研究和解决问题的方法，必须在原有城市设计的基础上提出针对城市更新和风貌保护的城市设计框架与方法。

1. 进行具有深度的、详尽的地毯式调研。调研内容从时间上包括基地的历史、现状和未来；从空间上包括平面的规划、三维立体的空间格局和功能构成；从全要素上包括所有的建筑（不论该建筑今后是拆除、改造或保留）、交通、景观、环境和基础设施，以及现有建筑的产权、再开发诉求等内容。在梳理调研内容的基础上，再对原有的地块进行评估预判，通过要素的叠加，为下一步发现问题和解决问题提供条件。

2. 提出城市更新的总体发展战略。在梳理现状调研、相关规划研究的基础上，分析这个地区的现状功能定位、空间布局、产业更新和开发模式等方面存在的问题、面临的挑战，以及自身优势，并提出对该区域未来的发展方向、战略定位与整体系统的解决方案。在研究的过程中，要借鉴国内外对标城市、对标地区的经验，也要更多地采用公众参与的机制，以访谈、论坛和开放式交流等多种方式，共商共议地区未来发展。

3. 制定城市更新的空间方案和实施政策机制。在总体发展战略的指导下，通过城市设计手法对城市既有空间的土地、规划和建筑等内容，提出系统的空间解决方案，并对重要地块提供详尽的城市设计和具体节点设计方案，制定各要素的建议性控制导则、图则，同时研究、制定并落实该城市设计方案的实施策略机制和创新政策建议。

城市更新与风貌保护的城市设计是一种空间思维方式，通过对整个地区进行系统研究，提出问题、发现问题，并提出解决方案。通过空间思维方式解决城市问题，提出城市更新与风貌保护策略。基于城市更新与风貌保护的城市设计是城镇和乡村调节内在功能、提升环境、解决自身不足的过程。城市设计的方案是非常复杂的，永远没有最好、只有更好。理想的方案可能不可实施，可实施的方案可能并不是最理想的，但可能是基于现实的最佳解决方案。基于城市更新与风貌保护的城市设计，在经济上，有利于城市功能提升和土地优化利用；在文化上，有利于城市遗产保护和文化传承；在社会上，有利于市民生活水平的提高和关怀弱势群体；在环境上，有利于城市公共景观的品质提升。规划师在城市设计中承担着专业控制与总体把控的协调人作用，故规划师要更好地运用城市设计的方法，采用合理和恰当的技术手段与方案来开展工作，具体把握设计方案的有效实施，协助利益相关各方达成共识。同时，在具体实施和操作过程中，需及时把控内部细节，尽力在复杂的现实环境中，最大限度地实现有机更新与风貌保护的规划意图和整体目标。

（本文节选自《规划师》2017 年第 10 期《城市更新和风貌保护的城市设计与城市治理实践》。）

城市修复背景下的社区更新

——以同济大学 408 研究小组的理论与实践为例

□ 徐磊青 同济大学建筑与城市规划学院教授 408研究小组主任与创始人 美国密歇根大学安娜堡访问学者
言　语 同济大学博士研究生 佐治亚理工大学访问学者

城市修复

在中国城镇化高速发展尤其是土地经济的强力推进下，城市和住区的空间利益驱动变得极其迫切。规划师并不如自己所期许的那样，实际上已成为资本扩张和积累的催化剂，并对成为资本的空间生产链条中重要一环而安然若素。资本排他性与空间剥削犹如糖衣炮弹。但还是有许多学者敏锐地揭示了它的危害。正如萨森（Saskia Sassen）在《全球城市》和《大驱离》中阐述，资本排他性被全球化的带动下发挥到极致，它在跨地域层面展开了规模宏大的行动，从而形成千城一面、非人性化尺度街区、奇奇怪怪的建筑等地景。其在中国城镇化展开的最鲜明特征之一，就是土地资本逻辑的城市建设在公共服务升级上的无力。简单理解就是人地关系在法规层面的公共服务、空间权属存在诸多脱节和难以解决之处，从而造成社会驱离、隔阂与不公在微观、中观的各层级空间尺度上显现。

同济大学 408 研究小组在近年研究与空间实践过程中，总结了公共空间复愈（Public Space Restoration）理论，包括自然复愈、社会复愈、空间修复三个基本观点，策略都市的空间利用创新机制，而场所营造、空间微更新和社区营造则是空间实践的重要路径。

*“当下城市空间某种程度上成为敌意的环境，它危险、拥堵、吵闹、污染、隔离、歧视、不洁，这被人诟病而称为城市病。城市公共空间本来被期待作为城市病解药反而成为毒药本身。城市失去环境感、空间失去亲密感、场所失去场所感已经成为一种普遍情况。城市失去环境感、空间失去亲密感、场所失去场所感已经成为一种普遍情况。学界对此也发展了不少应对理论与方法，最近城市更新和城市设计重点包括在社会、自然、空间修复的理论，以及空间使用的机制等，其中场所营造作为空间和解的重要手段其价值也逐渐体现。”*①

城市修复的核心之一就是公共空间复愈，这是新型城市化的空间建设核心目标，把被汽车社会和不适合的机能主义城市规划所造成的空间割裂、单一、冰冷的城市空间，进行清理和干预，并重新纳入公共空间的轨道上，是重建社会融合、自然疗愈和场所感的一种城市更新模式。这个空间复愈的更新模式具有很强的跨学科背景，它涉及社会创新、合作和自然为基础的解决方案、空间修复设计及其评估与协同治理等②。

沿着一贯坚持的人性化城市空间的理论发展，408 研究小组在近三年来进行了一系列的城市公共空间复愈、社区更新和微更新的实践。这里我们以三个案例来说明城市修复在不同的社区更新中的重点和取向。

①② 徐磊青，言语，2018。

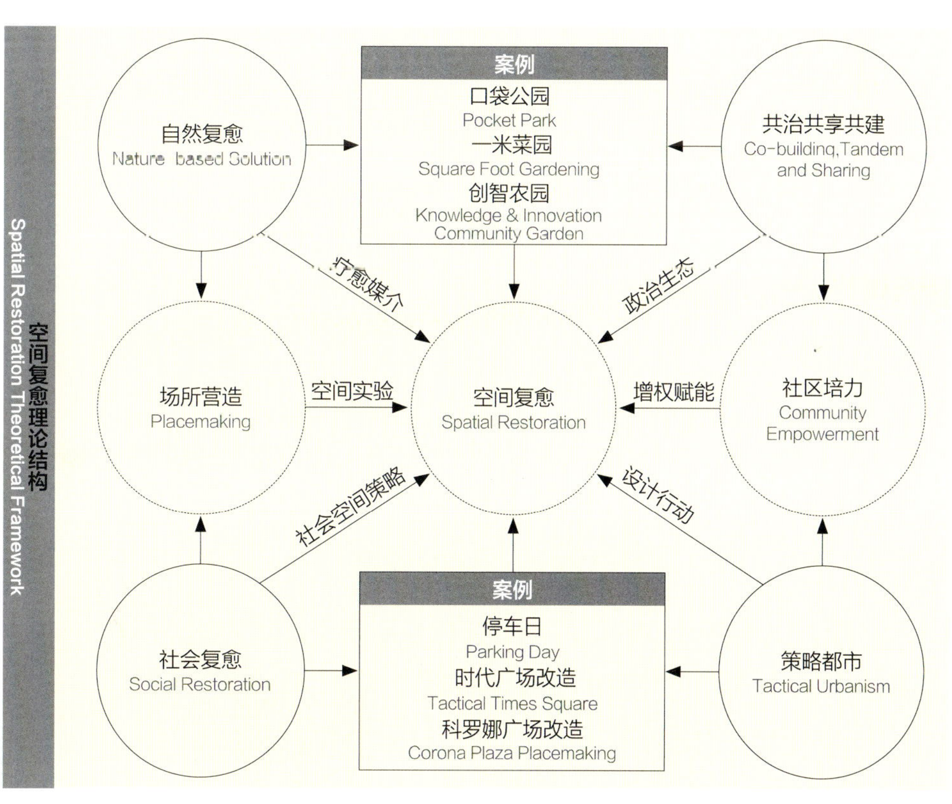

塘桥社区广场微更新

2016 年“行走上海社区微更新”始于政府推行社区规划师制度，而首先以上下结合与资金支持、基层政治力量支持的方式使基层社区落地了一批项目。408 小组有幸参与的塘桥金浦小区入口广场微更新即是这次微更新的试点广场，同时也是参与竞争人数最多的一组项目。最终笔者所在的 408 研究小组和刘悦来老师的疗愈花园幸运地共同获得了这次设计的机会。事后反思这次机会的得失，关键都是在于设计策略的影响上对自然复愈、空间修复和社区营造三个侧面的有机结合。

金浦小区入口广场位于有着码头记忆的工人新区风格的塘桥街道，码头曾作为这片地区的主要对外功能，在没落后仍然保留着场所相当强度的记忆与磁场，只是作为外来力量的设计实践者需要去发掘它的背街面。长廊状的、高度混合甚至杂乱的空间隐藏着社区的自愿秩序和运行逻辑，对设计者来说，既汇集了矛盾也汇集了解决矛盾的机遇和入口。小学、菜场、住区、慈善商店、药店、菜市场、升旗台、报刊栏、休息厅、小学与各类餐饮共生在乱停车情况严重的线形广场上，具有烟火气息的浓烈社区氛围冉冉升起于其中。这种生活气息孕育出了已经成为非物质文化遗产的“塘桥号子”，也坚定与滋润着日日来广场升国旗的老党员的心。

自然复愈、空间修复和社区营造

自然复愈（Nature-Based Solution，NBS）不仅因为其在环境议题上的良性作用，还因为其作为参与式设计介质的轻便、灵活而得到提倡。在塘桥社区设计实践中，自然复愈既作为过程，又作为结果穿插在设计中。首先作为参与式设计介质的疗愈花廊，即一个借助社区参与的投票、居民的走访及后面多轮根据反馈的调整应运而生的、20m 长 8m 宽 5m 高的爬满植物的木廊架，成为最终空间设计结果的主角。它除了可以纳凉以解决夏日炎炎的暴晒问题，美化环境，还可以与旁边的慈善商店和药店，乃至商户的空间互动，以形成慈善集市、节气主题义诊、商业活动等多种形式的空间应用。而在设计的过程中，刘悦来老师的疗愈花园作为广场药店一侧封闭界面的“答案”，既作为方案初期对居民的聚集热点与调研手段，也确实是封闭界面本身的解决方案。

塘桥社区广场景观建成后投入使用实景

空间修复

针对广场的问题，空间修复其实是对社会关系和空间关系的双向修复。广场的杂乱和无序虽然是社区自愿秩序的体现，但确实也是居民的矛盾所在。除了基本的根据需求结合景观设置座椅以应对人气、满足更多舒适性需求以外，更重要的是对一些隐形边界的翻转、利用与改造。广场上的停车问题，作为居民与商户矛盾的爆发点，也反映在了这条内外界定的认定上。广场入口处一段距离的升旗台，既作为地标与中心存在，其朝向也作为内外边界所指的矢量而起作用。升旗台在一开始是朝外设置，直接对着杂乱的停车区。据小区居民反映，在进行表演前都要对广场前区大量乱停放的车辆进行清空，而广场内部因为这层关系的界定不清而导致乱停车对内部的扩散。经商讨，对旗杆位置进行了巧妙的调整，使其方向朝内，作为内外边界氛围的区分存在，再植入 8 棵榉树，以进一步区分道路、菜场前广场和小区入口广场的不同空间的节奏变化。另外，报刊栏为和背后小区既存入口的中国古风相配而进行了风格化改造，在以哑光、反光材料加深挑檐以提供避雨与读报功能的同时，还能保证老人在白天阅读报刊栏内报纸的光照度。

408 小组计划的社区活动：社区夜跑与社区文化衫设计

社区营造

为了实现以上种种设计的需求调研，社区营造的主体性建构方式被用于前期的观察、分析、搜集、投票、反馈中，包括对参与式工具和场景的构想与设计、居民会议中民主进程的考量等。其中，参与式工具包括现场交互模型、塘桥文化衫的设计与义卖活动、发动方案设计的投票等，以便在广泛激发主体性的情况下使得不同族群与阶层之间的区隔缩小，能够并且有意愿互相对话，或者与设计师对话来助力于整个设计大方向的正确推进。

空间策略的现场投票与问询场景

湖贝更新

城中村更新的难题

深圳罗湖湖贝村已有500的多年历史，占地4.5万m^2，分为东、南、西、北4个坊，总建筑面积30多万m^2，其中95%都是外来移民人口。目前来说，湖贝一方面客观上为社会承担了保障房的功能，为低收入群体在城市落脚降低了城市门槛，一些租客甚至在其中生活了十几年。另一方面，这些居民也为城市提供着服务，并形成新的文化。

湖贝村由于优越的地理位置，2011年后，罗湖区政府与华润置地签署了战略合作框架协议及拆迁补偿框架协议等。2016年5月，在华润公布的方案中，湖贝旧村的保护范围仅为以怀月张公祠为主的6000m^2左右，其他部分基本没有得到保留。于是一批建筑师、学者、艺术家发起了"湖贝古村120城市公共计划"的公益行动，并开展了一系列的公开活动，408研究小组也受邀参与了这个公益的规划。"以摧毁一个亲密的社区生活的社会结构为代价来建立一个物质结构，真是愚蠢至极"（刘易斯·芒福德），而令人伤心的事实是，它是上一轮中国城市社区发展的一个普遍情况。而我们悲伤地看到华润方案也是这个城中村大拆大建的套路。

华润湖贝方案的鸟瞰图

湖贝古村现状

湖贝现状、华润方案和 408 方案的人口指标对比

湖贝现状

华润方案

408 方案

湖贝更新的华润公布方案，是一种传统的城市更新手法，属于开发商主导，这种方式带来的高效率背后是非常大的社会扰动。408 研究小组就现状和华润方案从商业数量、服务范围、交通分析等方面进行了比较。试图通过以湖贝城市更新为基础，探索以最低社会扰动为前提的旧城更新模式，包括如何进行社会生态系统的维存与升级、推动低扰动的空间规划、实现土地经济价值的有序升级等。首先针对湖贝更新区域进行全方面多角度的调研，收集关于该地区人口、商业、文化、空间等的数据资料，分析总结，之后将现状与华润方案进行比对，分析更新方案过程中对于该地区包括交通、就业、人口等不同层次的优势与不足，试图从社会扰动最小化的角度进行测算，提出旧城更新的包容性发展新模式。

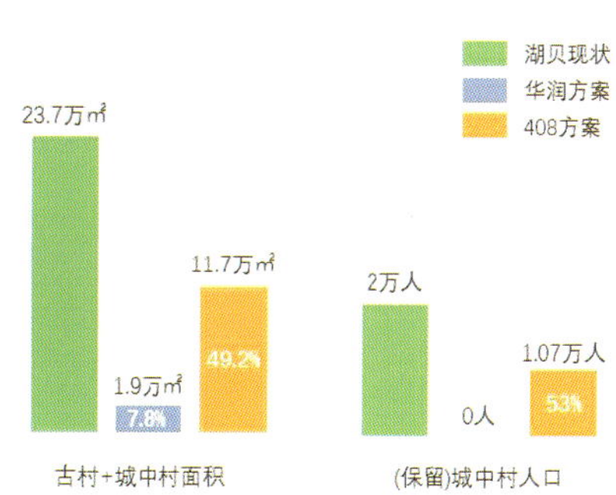

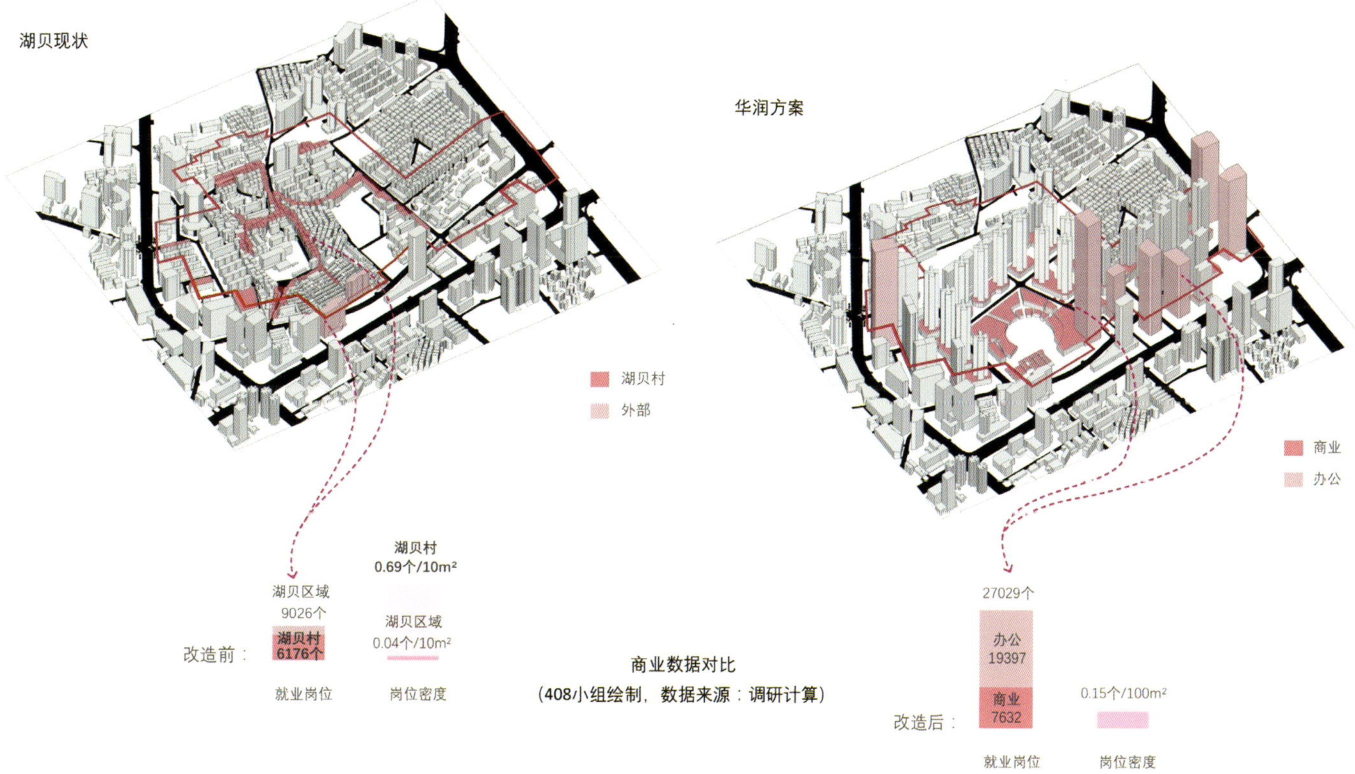

商业数据对比
（408小组绘制，数据来源：调研计算）

首先是，四坊的人均住房面积是 11.8m²/ 人，华润方案达到了 31.3m²/ 人，社会密度降得很低。就工作人口密度上，四坊的工作人口密度是 7 人 /100m²，华润的方案是 15 人 /100m²。根据统计信息，四坊租户中从事商业和服务业的人数众多，分别达到 19% 和 44%，在对居民的访谈中，我们得知湖贝租户的工作地点主要集中于东门海鲜市场、东门步行街和湖贝村内的个体商业及摊贩，即就近工作的比例高达 92%。

在四坊，居住于此，工作于此，而华润的住宅与其在商业中工作的人群，两者对城市通勤交通量的负荷不是一个级别的，社会成本大大提高。从商业数据上看，四坊的商业数量有 877 个，整个湖贝区域有 1092 个，华润方案中的商业数量测算下来是 1107 个，两者从数量的角度上差距不大。从岗位的密度上看，四坊的商业岗位密度为 6.9 个 /100m^2，华润方案中的商业岗位密度为 1.5 个 /100m^2，就业岗位密度的大幅度下降对城市更新的直接影响是很高的社会扰动，原有的大量小产业离开湖贝区域，对于周边的相关产业和用户群需要寻找新的替代。

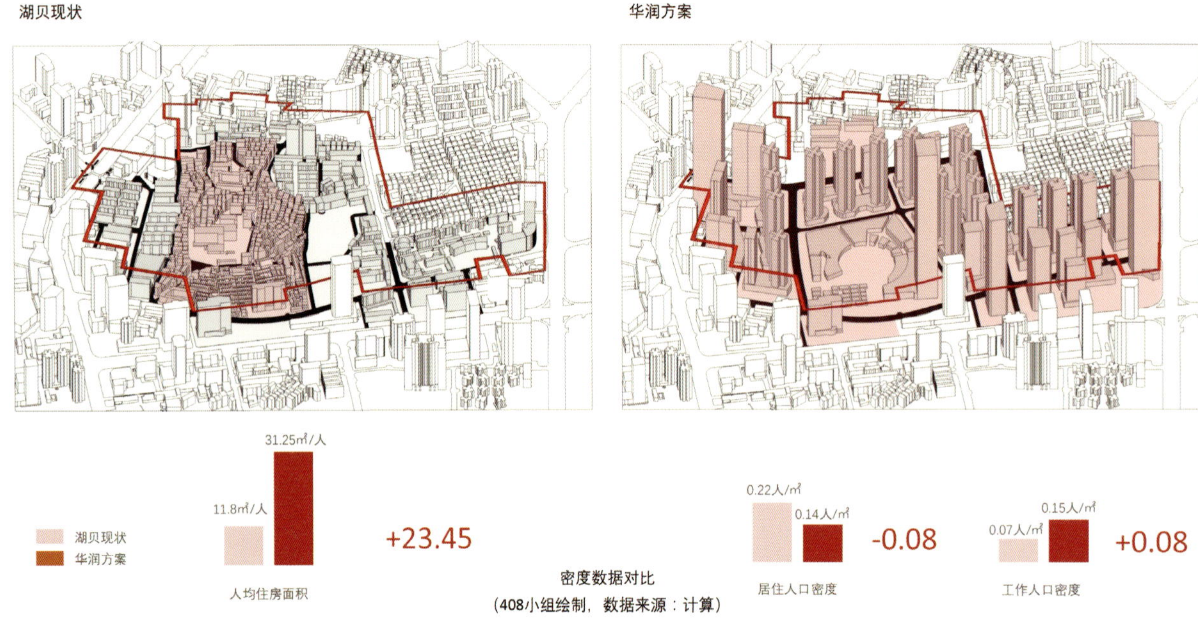

密度数据对比
（408小组绘制，数据来源：计算）

包容性与低冲击的城中村更新

包容性发展和低冲击开发，成为社区可持续更新的重要路径。中国目前大型城市存在多种不同的城中村改造模型，然而均不能有效解决高成本、低效率、社会扰动大、结构破坏等的共同问题，探索建立一种包容性的城中村改造模型也就成为城中村改造的核心研究问题。408 研究小组在 2016 年 8 月、9 月对湖贝更新区域进行了全方面调研，并形成了完整的调研报告。

408 研究小组的湖贝方案总平面

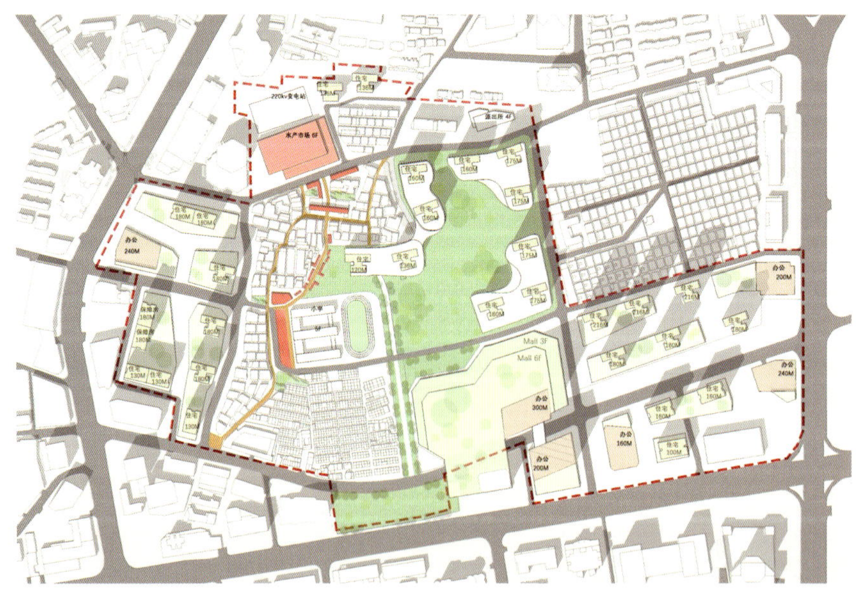

主要的调研报告总结为 4 个部分：社会生态稳定、产业链条、空间特征、社区活力。在这些细致和数据化的分析基础上，我们提出了自己的设计策略。如前述，探索以最低社会扰动为前提的旧城更新模式，包括如何进行社会生态系统的维存与升级、推动低扰动的空间规划、实现土地经济价值的有序升级等。提出旧城更新的包容性发展新模式。我们对湖贝更新提出了对应的 4 个方面的原则和策略，包括产业链条的独特多样全生态、低冲击的社会发展、活力社区和空间多样性，从这 4 个方面对不同层次的做法和结果进行讨论与分析解决。

408 研究小组的湖贝方案分析

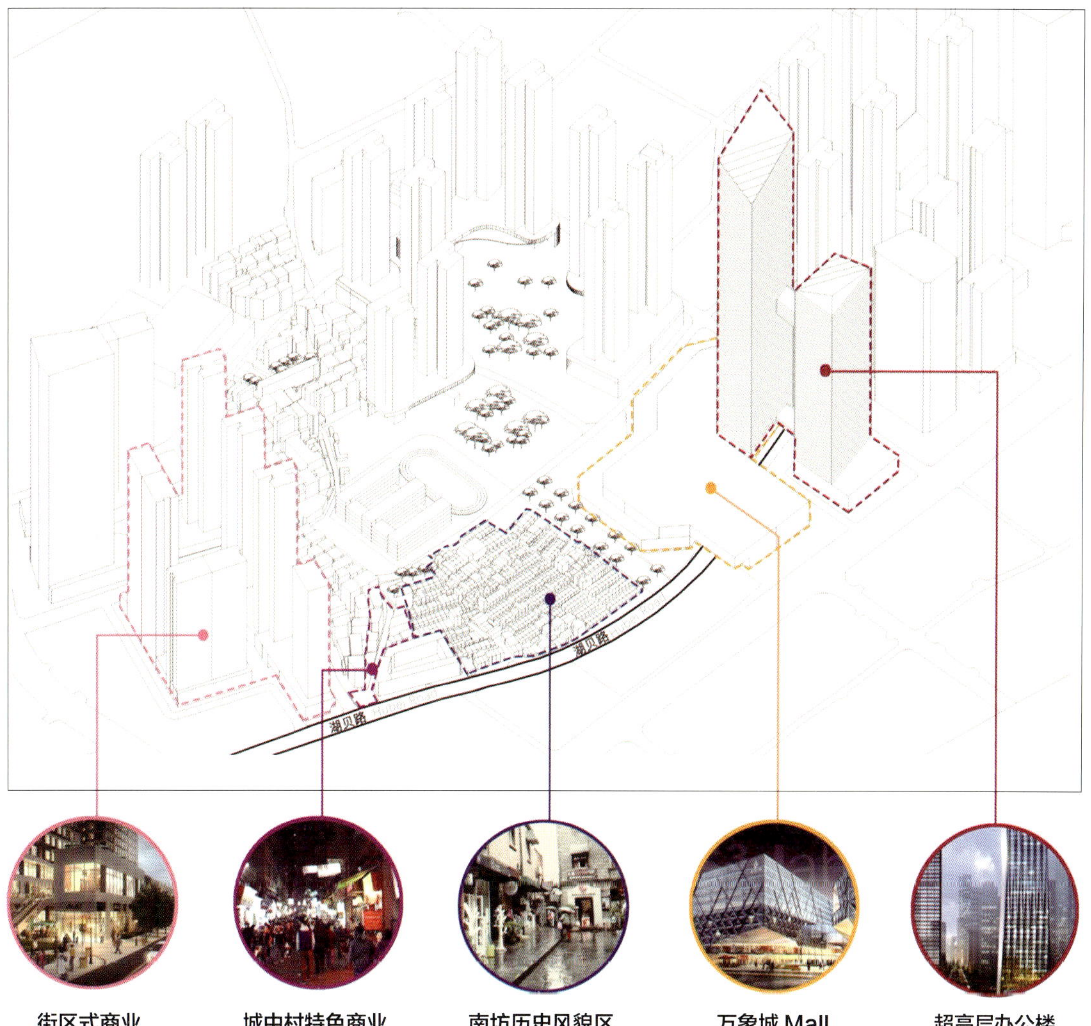

与华润方案相比，我们进行了如下的设计调整:（1）全部保留了南坊进行更新，并以历史街区更新的模式运营。（2）保留了东门的市场，维持了本地区至关重要的水产和工作岗位，这可以维持夜市，也维持了地区赖以生存的水鲜供应和特色。（3）保留了西坊、北坊的一部分城中村作为廉租房保障房，这个符合深圳城市更新中保障房的政策，是保留居住多样性的重要措施。（4）把罗湖文化公园不做在屋顶而是地面上，这使得公园的可达性大大提高。原华润方案中的屋顶公园是对原罗湖公园的破坏。（5）增加了大量的沿街店铺而不是大体量的商业中心，这使得地面街道保留了活力，也增加了就业机会，满足湖贝公司要求增加店面的需求。华润方案中是万象城模式的购物中心。（6）维持了从湖贝地铁站通向北侧城中村居住区的步行通道，使得更新后的湖贝依然具有穿透性、渗透性良好的用途，即理查德 · 桑内特所指的“多孔地区”。

明园村变电站周边场地更新

社区规划师与变电站

社区公共活动空间应优先增加哪些方面?

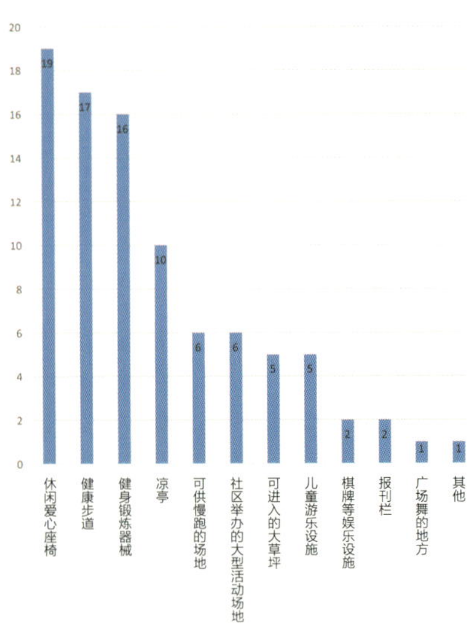

对于居住在明园村的评价和态度?

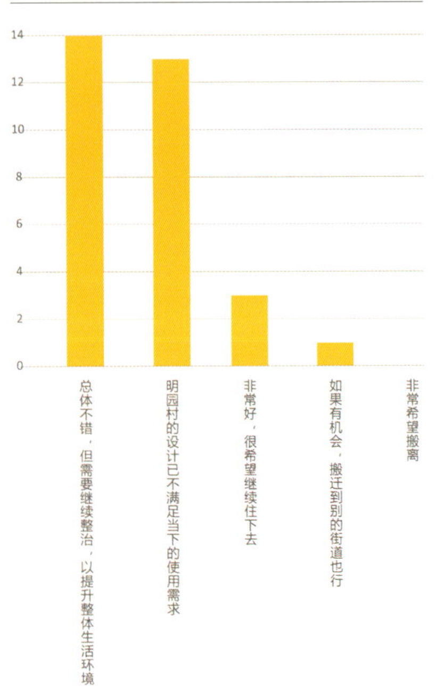

我们408研究小组团队在2018年初受杨浦区委区政府的委托，成为平凉街道的社区规划师，也成为中国第一批授牌的社区规划师。街道委托我们做的第一个微更新项目，就是明园村小区中心变电站及周边公共空间的更新改造。从城市形态学的角度切入发现明园新村是上海继蕃瓜弄改建后旧区成片改建的重要地段之一。历史上这里原为帝国主义者娱乐的“跑狗场”“养马场”，以后又逐步搭建成一片棚屋区，占地面积3.69hm^2，改建前的明园新村，道路狭窄曲折，交通不便，都是棚屋简房，居住条件极差，于1973年开始改建，共新建了五、六层住宅，总建筑面积为53260m^2，人均建筑面积达8.81m^2。每户有自己的厨房、卫生间和阳台，居住条件大为改善。目前明园村居住有1358户人家。

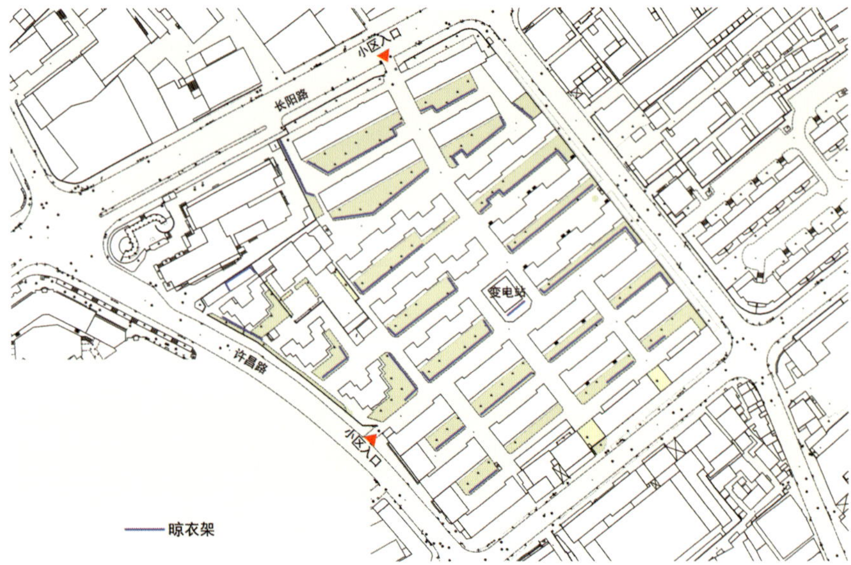

明园村基地现状，晾衣架构成重要的社区景观

我们注意到明园村在最早规划中是没有变电站的，是小区中心绿地。现在的变电站是后来安置的，这造成了这个小区就没有了中心绿地，居民很不满意。变电站虽然为低压，但是居民依然认为有辐射造成居民健康的问题，在我们调研中，变电站周边住宅楼的居民对变电站有强烈的不满。

在对居民进行了问卷调研、现场采访后，我们选择变电站为微更新项目。因为：（1）变电站是市政设施；（2）变电站所在区域是小区唯一的公共活动中心用地；（3）居民对变电站有心理抗拒，改造需求很大；（4）平日有大量人流经过变电站周围以及有停留性活动，有成为社区中心活动场地的基础。

空间修复的两个方案

由于居民对变电站有辐射的误解，产生了心理上的一些抗拒，又加上变电站确实侵占了小区原本就很小的中心绿地的一部分，所以我们的设计建议是将变电站建筑改为地下，地面上绿植覆盖，仅留出入口，还原小区中心绿地的功能。就是还原它在最早规划中的模样。

但是该方案遭到了供电局的强烈抵制，而且供电局开出了5000万元的天价来阻拦这个变电站埋地的方案。这个方案是在将变电站迁走讨论未果之后的一个妥协方案，但是没想到供电局加以阻拦。不仅是高价问题，供电局还提出了因为变电站埋地，还要周边地区断电一个月的要求。因而，虽然这个方案街道认为是理想的，但与供电部门协调未果而只能放弃。

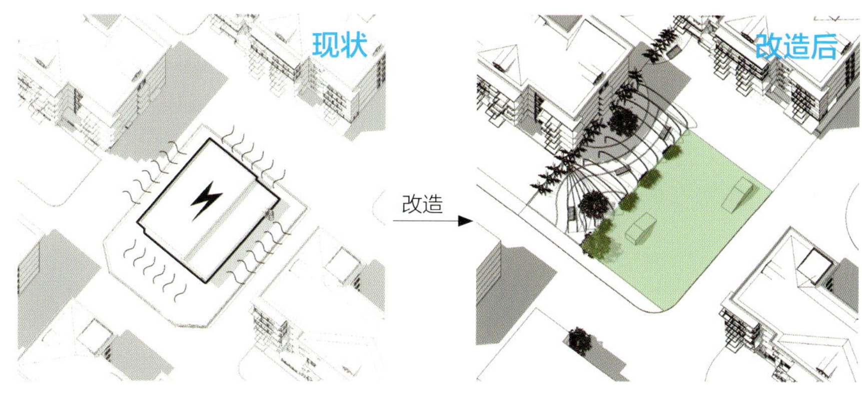

变电站埋地的全绿地

我们没有气馁，抛出了第二个方案，选择在变电站周边增加绿植的设计以削弱其对周边环境的影响；同时将其旁边的绿地改造为绿植廊道，提升公共空间的趣味性；在变电站与居委会之间的小广场中增设报刊亭、改变单一地面铺砖形式、增加部分顶部构架，营造舒适灰空间。通过这些改造的方式，增加小区内公共空间的趣味性，营造多元化活动场所，提升小区环境品质，为当地居民提供多层次的休闲、活动与交流的场所。在完成初步方案设计后，我们将方案的图纸与模型带到小区，与居委会和居民就方案进行汇报讨论，收集他们对方案的修改意见，并根据部分意见调整、完善方案的设计。这个空间修复的方案最终得到了居民、居委会和街道的认可，目前在实施中。

空间修复的总平面图和绿廊透视图

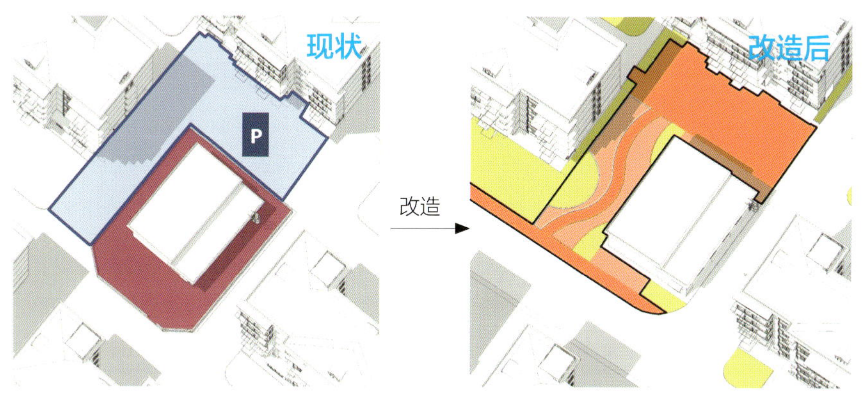

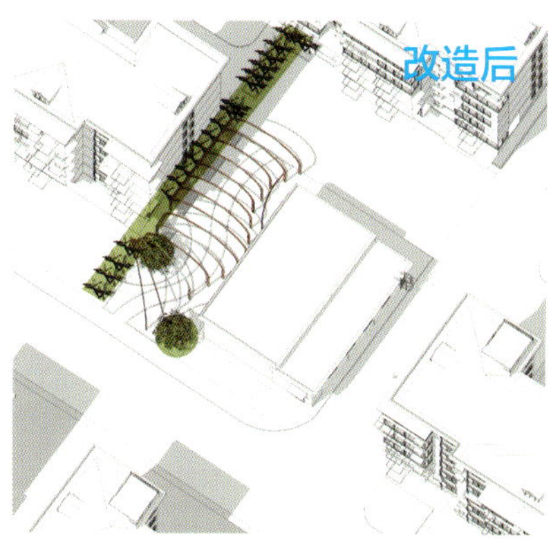

变电站不埋地的立体绿化方案

城市修复背景下的社区更新

2015 年 6 月住建部提出的“城市修补生态修复”，即“城市双修”，其描述仍然偏重技术，重视环境整治与生态修复，属于主客体二分的（西医）“病 - 医”论述，或者主张从乱到治而忽略“社会复愈”这一重要大方向，在城市修补过程中，对体制机器力量不谨慎而导致对根茎化的复杂社区组织细胞的剃刀式修剪，对人口与社会关系、社会空间与物质空间行外科手术之实，背离了修复的初衷。社会修复需要社会复愈，即对主体性的建构与市民文化及其相关民主进程的关心，所以，这个居民共建或者包容性规划的过程需要理其表而治其本，达到（中医）主体性“复愈”的效果。

城市修复背景下的社区更新，需要设计者以行动主义者（Activism）与调停者的姿态，对自身的政治能动性和在社会关系网络中的嵌入度提出要求，借助自然复愈、空间修复与社区营造等武器，深度介入社会文化环境与空间物质环境这一对镜像涵构中，进入现场并以身体的经验进行共情式的研究，提出具有包容性、低冲击的专业计划。

空间的潜力和信心在中国的草根底层需要被上下结合地、立体化地激起，它需要多尺度多维度的空间、政治力量配合，去抵御资本与权力对公共领域的侵蚀，在这里，社区规划师义无反顾。

城市迈向更新时代——中国城市规划协会 2018 年全国城乡规划编制研究中心年会圆满召开

□ 徐奕然 / 文 王征 / 图

2018 年 10 月 25—27 日，中国城市规划协会 2018 年全国城乡规划编制研究中心年会在南京顺利召开。本次年会由中国城市规划协会、中国城市规划协会城乡规划编研中心工作委员会主办，江苏省城镇化和城乡规划研究中心承办，南京市城市规划编制研究中心协办。来自全国各省市近 50 家规划编研中心的 150 余名代表，以“城市迈向更新时代”为主题展开了交流与探讨。

中国城市规划协会副会长兼秘书长吴建平在致辞中表示，各规划编研中心在研究城乡发展建设面临的形势、探索解决问题的路径与模式、组织城乡规划编制等方面发挥了非常重要的作用，面对全新的形势和全新的任务，必须进行有针对性的业务准备和技术挑战。江苏省住房和城乡建设厅副巡视员高建在致辞中对各位来宾的到来表示了热烈欢迎，并指出江苏较早意识到推进城市更新是城乡空间转型发展的重要手段，当前的城市发展迫切需要从增量拓展向存量优化转变，寻找内涵发展、品质提升的新路径。江苏省城市规划研究会理事长张鑑到会祝贺并在讲话中指出，规划编研中心队伍承担着规划编制、科学研究、政策咨询的多重任务，在当前城乡规划行业面临全面转型新阶段下，规划编研中心应关注城市更新这个主题，契合由增量发展向存量挖潜这个新的发展背景。城乡规划编制研究中心工作委员会理事会主任单位住建部城乡规划管理中心副主任于静指出，规划编制研究中心专业委员会自2016年成立以来，目前已吸纳会员 79 家，理事单位 23 家，队伍不断扩大，作用和影响力也不断提高，希望各编制研究中心单位继续努力，积极支持国家城镇化工作持续前进。

东南大学阳建强教授、深圳市规划国土发展研究中心戴晴主任、南京市规划编制研究中心郑晓华主任、戴德梁行大中华区 TOD 业务主管陈学海、南京万科王大祥副总经理做主旨报告。两个平行会场分别围绕“城市更新实践探索”“城市更新技术创新”展开热烈讨论，来自上海、成都、南京、厦门、长春等十个城市的规划工作者进行了经验交流。

省住房城乡建设厅副巡视员高建致辞

中国城市规划协会副会长兼秘书长吴建平致辞

江苏省城市规划研究会理事长张鑑致辞

住建部城乡规划管理中心副主任于静致辞

中国公园协会会长、住房和城乡建设部城乡规划管理中心原主任刘佳福主持

省住房城乡建设厅城乡规划处处长陈小卉主持

东南大学教授阳建强作主旨报告

深圳市规划国土发展研究中心主任戴晴作主旨报告

南京市规划编制研究中心主任郑晓华主持

戴德梁行大中华区 TOD 业务主管陈学海作主旨报告

南京万科企业有限公司副总经理王大祥作主旨报告

经规划编研中心工作委员会预备会议审议决定，下一届年会将由长春市规划编制研究中心承办

研讨会现场